JN097730

子どもの数学的な
見方・考え方が働く算数授業

1年

全国算数授業研究会
（企画・編集）

1

はじめに

　いよいよ新しい学習指導要領が実施される。教育課程が変わるということは教育理念自体が変わるということであり，これまで行ってきた授業を変えなければならないということを意味する。

　算数科では，数学的な見方・考え方を働かせ，数学的活動を通して数学的に考える資質・能力を育成することを目標とした授業の実現が求められている。この中で特に意識すべきことは，目標の書き出しに見られる「数学的な見方・考え方を働かせ」という表現である。「数学的な見方・考え方」は，算数科の目標を実現するための前提として示された新たなキーワードである。算数科の目標は全ての子どもを対象としているということから考えると，子どもたち全員が「数学的な見方・考え方」を働かせられるような算数授業が求められている。つまり，「数学的な見方・考え方」を働かせるのは一部の算数好きで数学的なセンスを持ち合わせた子どもというわけではない。決して一部の子どもだけが「数学的な見方・考え方」を働かせるような算数授業であってはならないわけである。では，目の前にいる一般的な子どもが働かせる「数学的な見方・考え方」を大事にした算数授業とは，一体どのような授業なのであろうか。本書では，その疑問に対する答えを示すために，第1学年から第6学年までの全単元の算数授業における子どもの「数学的な見方・考え方」が働く授業の具体に迫ってみた。

　ただ，予めはっきりしているのは，「数学的な見方・考え方」を働かせている子どもの姿は決して特殊な子どもの姿や特別な子どもの姿ではないということである。どこの教室でも普通に見られる子どもの自然な姿の中に「数学的な見方・考え方」を働かせる子どもの姿が存在していると捉えなければならない。我々教師はそのような「数学的な見方・考え方」を働かせている子どもの具体的な姿を把握し，それを引き出す手立てを講じることができれば，

算数授業の中で意図的に評価し，価値づけることもできるわけである。

　全国算数授業研究会は，これまで「授業を見て語り合う」ことを大事にし，子ども目線から算数授業の在り方を追求してきた。毎日の算数授業で子どもと正面から向き合い，より良い算数授業を求めて真剣に切磋琢磨する授業人による授業人のための研究を蓄積してきたのである。だから，我々は「数学的な見方・考え方」を働かせる子どもの具体的な姿をもっとも身近で見てきたとも言える。そこで，本書では「数学的な見方・考え方とは何か」という概念の整理や抽象化をねらうのではなく，学校現場で日々の算数授業を行う授業人が「数学的な見方・考え方」を働かせている具体的な子どもの姿を共有することを目的とした。その具体を理解し把握できたならば，たとえ初任者の教師であっても目の前にいる子どもの行動や姿の中から「数学的な見方・考え方」として価値あるものを見出すことができるし，価値づけることができるからである。

　なお，本シリーズで紹介した授業実践では，副題にもあるように「どんな姿を引き出すの？」，「どうやって引き出すの？」という2つの視点からポイントを示し，その後で具体的な授業展開を述べている。そこでは教師や子どものイラストを用いて，「数学的な見方・考え方」が発露する対話の具体的なイメージが持てるように配慮した。また，それぞれの「数学的な見方・考え方」を働かせる子どもの姿は，その授業を実践された先生方の子どもの見取りの結果を示しているものでもある。当該の算数授業において，教師が子どものどういうところに着目して授業を構成しているのかということも見えてくるので，多くの先生方にとっても参考になるはずである。

　本書が新学習指導要領で求められる算数授業の実現を目指す先生方にとってお役に立てたならば幸甚である。

全国算数授業研究会 会長　山本良和

子どもの数学的な見方・考え方を引き出す算数授業

1年

目次

Contents

本書の見方

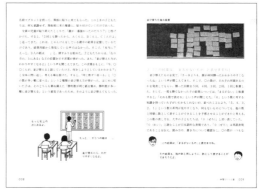

a

どのような見方・考え方を引き出すか

本時で引き出したい数学的な見方・考え方を記載しています。複数ある場合は，特に本時の中心となるものに★マークを付けています。

どのように見方・考え方を引き出すか

数学的な見方・考え方を引き出すための手立てを簡単に紹介し，本時の概略と教材の意図を提示しています。

本時の流れ

見方・考え方を引き出すためにどのように授業を展開していくのかを，子どもの姿ややり取りに焦点を当て詳述しています。見方・考え方が引き出されている子どもの姿やそのための手立てについては，吹き出しやイラストにしています。

子どもの数学的な
見方・考え方が働く算数授業　1年

1 仲間づくりと数

暁星小学校　山本大貴

■ 本時のねらい

・数の大小や順序を考えることによって，数の系列をつくろうとする。
・具体的なものがないことを表す「0」の意味，読み方，書き方について理解する。

■ 本時の問題

じゃんけんを5かいします。かったら○，まけたら×をかみに きにゅうしましょう。（あいこは，かちまけがつくまでを1かいとします）

■ どのような見方・考え方を引き出すか

・「同じ数ごとに並べる」「回数の多い（少ない）順に並べる」ことで，結果がわかりやすくなること。
・何もないものについても他の数と同様に数として表すことができること。

■ どのように見方・考え方を引き出すか

　5回のじゃんけんゲームを終えた子から順に，結果を記入した用紙と名前マグネットを持って，黒板に貼るように指示する。その時点では，単に終えた順番に紙を貼るだけで，「同じ数ずつ並べる」ことや「数の多い（少ない）順に並べる」ことを意識する子はほとんどいないはずである。

　全員が貼り終えたところで，「誰が強かったのかな？」と発問すると，貼られた用紙を見て判断するのではなく，ゲームをしている最中の記憶をもとにして強かった子の名前を挙げてくるだろう。そこで，「並べ直したい」という意識を引き出すために，勝った数が最も多い子の用紙を教師が探す振りをする。バラバラに貼った状態では，結果がわかりにくいことに気付かせ，「同じ

数ずつ並べる」や「順番に並べる」という言葉を引き出していく。

　そして，勝った回数（〇の数）によって並べ直し，数として表す。一度も勝てなかった結果については，「まるがない」と教師があえて数で表さないことで，それも数として表せそうなことを予感させ，「0」という数を指導していく。

■ 本時の流れ

1.「誰が一番強いのかな？」

　本時は，「仲間づくりと数」の単元における「0」の意味について学習する場面である。

　右のような用紙を1人1枚ずつ配り，「今日は，じゃんけんゲームをするよ」と説明した。隣の列の子5人と順番にじゃんけんをして，勝ったら〇，負けたら×

を書くように指示した。すると，ある子から「あいこになった場合は，どうするんですか」と質問が挙がった。ルールは，教師側から説明しすぎず，子どもたちが必要と感じた場面に応じて，付け加えたり，変えたりすることで，全体の共通認識を高めることができる。今回は，勝ち負けがつくまでを1回とし，あいこは数えないこととした。

　ルールが理解できたところで，子どもたちは，楽しそうにじゃんけんを始めた。そして，5回のじゃんけんが終わった子から，結果を記入した用紙と

授業前半の板書

名前マグネットを持って，黒板に貼りに来てもらった。このときの子どもたちは，何も意識せず，黒板前に来た順番に，貼り付けていくだけであった。

　全員の児童が貼り終えたところで，「誰が一番強かったのだろう？」と投げかけた。すると，「5回とも勝ったから，Aくんと，Bくんと，Cくんだよ」と返ってきた。これは，じゃんけんをしている最中の結果を記憶しているだけであり，結果用紙から発見している声ではなかった。そこで，「本当に？えっと，3人の紙は……」と，探すふりを始めた。子どもたちからは，「右の方の，上にある」などの位置を示す言葉が挙がった。また，「並び替えた方が，わかりやすくなるよ」という声も聞こえてきた。この言葉をもとに，「今，〇〇くんが，並び替えると話していたけど，何をしようとしているかわかる？」と全体に問い返し，考える場を設けた。すると，「同じ数ずつ並べる」と「〇の数が多い順に並べる」という2種類の並び替え方が挙がった。はじめに呟いた子は，そのどちらも兼ね備えた「勝利数が同じ紙を集め，勝利数が多い順に並び替える」という意見であったため，そのように並び替えてもらった。

並び替えた後の板書

2. 「この結果は、『まるがないもの』と表せますね」

　並び替えたものを見て、「さっきよりも、誰が何回勝ったかわかりやすくなったね」という声が聞こえてきた。そこで、〇の数が、それぞれ何個あるのかを発表してもらい、勝った回数を5回、4回、3回、2回、1回と板書した。そして、一度も勝てなかった子の結果については、「まるがない」と板書すると、「それも数で表せる」という声が聞こえた。「0」という数に対する知識を持っていた子がいたかもしれないが、並べたことにより、「5、4、3、2、1」という数の系列が見やすくなり、何もないものについても、他の数と同様に数として表すことができることを予感させることができたと考える。この数の表し方を、大半の子どもたちは、「0（ぜろ）」と言い表していた。「0（れい）」と読むことが日本語的な表現であり、「0（ぜろ）」は英語表現であることを伝え、読み方や、書き方について確認をし、〇の数が一つもな

> この結果は、「まるがないもの」と表せますね。

> その結果も、他の数と同じように、数として表せることができそうだよ。

いときのように，何もないことを示すときの数は，「0」を用いることを指導した。

その後，「どんなときに，この0が使われているかな？」と尋ねると，「赤ちゃんの年齢は0歳」と「お休みが0人」という意見が出てきた。この2つの「0」は意味が異なる。前者は「基点を示す0」，後者は「何もないことを示す0」である。そこで，少し難しいかとも思ったが，「お休み0人ということは，お休みがいないということだよね。では，0歳の赤ちゃんは，年齢がないということなの？」と問い返してみた。すると，「そういう意味じゃないけど……」と，おかしさに気が付き始めた。そして，「0から始まって，1歳，2歳と増えていく」といった発言をもとに，「はじまりの0」という意味もあることを確認した。

また，×の数に視点を変えてそれぞれの個数を尋ねると，負けた数は0回，1回，2回，3回，4回，5回と答えてきた。この〇と×の関係を見て，「逆になっている」という呟きがあった。この後に学習をする「いくつといくつ」や「たし算」の単元にもつながる数学的な見方・考え方であるため，〇が「5→4→3→2→1→0」と1ずつ減っていくのに対して，×は「0→1→2→3→4→5」と1ずつ増えている「逆」の意味についても確認をした。

0の意味についての確認が終わると，子どもたちは「もう1回じゃんけんゲームをやりたい」と唱え始めた。そこで，1回戦目は「隣の列の子5人」と，じゃんけんする相手を限定したが，2回戦目は，「教室にいる友達5人，誰とじゃんけんしてもいいよ」と伝えた。子どもたちは，大喜びで教室を駆け回り，さまざまな友だちとじゃんけんをして楽しんでいた。

大半の子が，じゃんけんに夢中になる中で，2人の児童が黒板の前に来て，先ほどの1回戦目の結果を眺めていた。「何を見ているの？」と尋ねると，「さっきの結果を見

て，誰とじゃんけんをしたらよさそうかを考えている」と答えてくれた。じゃんけんは，運の要素が強いため，前の結果が次の結果と関連するわけではないが，このように前の結果を参考にしようとする子が現れると思い，2回戦目のルールを変えてみた。これまでのデータを次に生かそうとする態度自体は大事なことである。

そして，じゃんけんをしている途中ではあったが，一度止めて，「今，Dくんと，Eくんが前に来て，黒板を見ていたけど，何をしていたと思う？」と全体に投げかけた。すると，「1回戦目の結果を見て，○の数が少ない子とじゃんけんをしようとしている」と返ってきた。○の数が少ない子とじゃんけんをした方が，勝てるかもしれないという思いは，これまでじゃんけんを幾度もしてきた経験から生まれたもので，どの子も持ち合わせている意識なのであろう。

その後，○の数が0個の子の前に，たくさんの児童が集まっていた。また，1回戦目の結果を見て，○の数が5個の子の前にも，たくさんの児童が集まっていた。その理由を尋ねると，「強い子に挑戦して，その子に勝ちたい」という子どもらしい声が返ってきた。

3. 「他の場面でも使えそうな考え方は？」

数学的な見方・考え方は，学年を追うにつれ，さまざまな経験を重ねる中で，成長していくものである。しかし，算数を初めて学習する1年生も，幼少期の経験をもとに考えている。それを引き出していくことが大切である。

そして，この数学的な見方・考え方を高めていくために，授業の最後には，「今日，学習したことで，他のときも使えそうな考え方はあるかな？」と尋ねた。この日の授業のまとめは，「並べることで，わかりやすくなる」である。それらを全体で共有し，短冊に書き記しておく。そして，子どもたちがいつも目にする場所に掲示しておくことにより，他の場面でも，数学的な見方・考え方を働かせられる子どもに育てていきたいと考えている。

2 | 何番目

福島大学附属小学校　矢野浩

◢ 本 時 の ね ら い

匹数や順番を正しく数えたり表したりすることができる。

◢ 本 時 の 問 題

> たっているどうぶつに，えのようにすわってもらいます。なんといって
> おねがいしますか。

◢ ど の よ う な 見 方 ・ 考 え 方 を 引 き 出 す か

　数には，ものの個数を数えるのに用いる数（集合数）とものの順番を表すのに用いる数（順序数）があると見たり，考えたりすること。

◢ ど の よ う に 見 方 ・ 考 え 方 を 引 き 出 す か

　本時は，動物への指示の仕方を考えさせる。「前から3匹が座っている絵」と「前から3匹目が座っている絵」の2種類を提示すると，最初子どもたちは「りすさんといぬさん，うさぎさんは座ってください」「うさぎさんは座ってください」というように動物の名称で指示を出すだろう。話し合いを進めていく中で「前から3匹は座ってください」「前から3匹目は座ってください」といった「3」に着目して指示を出す子どもの意見が出ることを期待し，それを取り上げる。そして全員の子どもたちに「3」の意味を考えさせることで，数が匹数や順番を表すことを捉えることができるようにする。次に，同じ動物が一列に並び4匹や4匹目が座っている絵を提示する。そうすることで，子どもたちは「名前を呼んでお願いできないね」と，数を用いて匹数や順番を表す必要感をもち，数を用いた表現の有用性を実感するはずである。このようにすることで「『4』も同じように考えられるのだったら『5』や『6』，

他の数でも同じように考えられるよ」と数を拡張しようとする子どもの姿を
引き出す。

■ 本時の流れ

1. 「何と言ってお願いしますか」

　本時は，「なんばんめ」の単元の1時目として行った。最初に「りす，いぬ，
うさぎ，ねこ，きつね，たぬきが立って一列に並んでいる絵（図1）」を提示し
た後に問題文を板書した。板書した後に「一列に並んだ動物のうち，りす，い
ぬ，うさぎが座っている絵（図2）」と「一列に並んだ動物のうち，うさぎだけ
が座っている絵（図3）」の2種類を提示し，どのように指示するのか尋ねた。

図1

図2　　　　　　　　　　　　　　　　　　　　　　　　　　図3

　子どもたち全員が「考えられる」と話したので，ノートにメモさせた。ノ
ートを見て全員が書けたことを確認した後，発表させた。

　最初に発表された指示の仕方は「りすさんといぬさん，うさぎさんは座っ
てください」だった。これは，図2に対する指示とのことであった。この指
示の仕方を聞いて，ほぼ全員が「うん，同じ」と共感した。次に発表された
指示の仕方は図3に対してのもので「うさぎさんは座ってください」であっ
た。この指示の仕方を聞いた多くの子どもから「わかる」「そのお願いの仕方
もあるね」と共感するつぶやきが聞こえてきた。このことから，子どもたち
は絵から場面を的確に捉えるとともに，問題文の意味を理解していることが
わかった。

2. 「数を使ってお願いができますか」

　両方の絵に対応する指示の仕方を発表し終えたところで，Ａが「数を使ってお願いができるよ」とつぶやき，手を挙げた。Ａのつぶやきを聞き「うん，できる」と，4人の子どもが手を挙げた。教師は数に着目して考えたＡの見方・考え方を子どもたちと共有することができれば，数の意味を捉えることができると考えた。そこで「みんなは数を使ってお願いができますか」と問いかけると，多くの子どもが「できるかどうか，考えてみたい」と話した。このようにして「数を使ったお願いの仕方」を全員で考えることになった。

みんなは数を使ってお願いができますか。

できるかどうか，考えてみたい。

　子どもたちに，考えたお願いの仕方をメモさせると「前から3匹は座ってください」とだけ書く子どもと「前から3匹は座ってください」と「前から3匹目は座ってください」の両方を書く子どもがいた。教師は「3」に着目して考えた子どもの中にも，集合数と順序数という数の意味を捉えられていない子どもがいると見取り，意味を共有するために「前から3匹は座ってください」とだけ書いているＢの意見を取り上げることにした。

　教師はＢが話し終わったところで「Ｂさんは，どちらの絵になるようにお願いをしたのだろうね」と子どもたちに問いかけ，自分の意見を決めさせた。子どもたちからは「りすさんといぬさん，うさぎさんが座っている絵（図2）だよ」「うさぎさんだけが座っている絵（図3）だと思う」「両方の絵だと思う」という3つの意見が出された。子どもたちは，自分の意見と異なる意見の理由を知りたいと話した。それぞれの意見の理由を話すことが「3」の意味について捉えることにつながると考え，話し合うことにした。

　最初に取り上げたのは，図2になる意見である。指名されたＣは絵の動物

に「いち，に，さん」と数詞を順に対応させて唱えることで，最後の数である「3」が匹数を表していることを理由として話した。次に，**図3**になる意見をDが話した。Dは「いち，に，さんと数えるとうさぎさんが『3』だから，うさぎさんだけが座る」と数詞を順に対応させて唱えると，うさぎに対応する数詞が「3」であることを理由として話した。子どもたちは，Dの話を聞き「たしかにうさぎさんは『3』だね」と納得した。両方の絵になる意見では「CさんとDさんが説明したとおり，『3』を使ってお願いすると，両方の絵になる」と理由が話された。

　話し合う中で子どもたちは「3」が匹数と順番の両方の意味をもつことを捉えていった。一方で，この指示の仕方ではどちらの絵になるのかわからないと話す子どももいた。そこで教師は「数を使ってお願いをすることはできるけれど，必ず両方の絵のお願いになるのだね」と，この時点での話し合いをまとめようとした。するとAが「必ず両方の絵のお願いになるわけじゃない」「少しお願いの仕方を変えれば，別の絵になるよ」と話した。すると周りの子どもが「だったらどうお願いするの」とAに問いかけた。

 数を使ってお願いをすることはできるけれど，必ず両方の絵のお願いになるのだね。

少しお願いの仕方を変えれば，別の絵になるよ。

　Aは「うさぎさんだけが座っている絵（図3）の方のお願いの仕方を『前から3匹目は座ってください』と変えたらよいと思うよ」と話した。Aの説明を聞き「どこが違うのかな」と，Bの指示の仕方との違いに気付くことができない子どもがいた。教師は，Aと同じ指示の仕方をノートに書いている子どもが何人かいたことから，子どもたちの反応の変化を少し待つことにした。すると「3匹の後に『目』をつけたのだね」「『目』をつけたお願いの仕

方だと，うさぎさんだけにお願いすることになるね」とつぶやく子どもが出てきた。「Aさんのお願いについて詳しく説明することができる人はいますか」と問いかけると，つぶやいた子どもたちが手を挙げたので，その1人を指名した。指名された子どもは図3を指しながら「1匹目がりすさんで2匹目がいぬさん，3匹目がうさぎさんだから，『目』をつけるとうさぎさんだけになる」と話した。指示の仕方の違いに気付くことができなかった子どもたちも説明を聞き「なるほど」と納得した。そこで教師が「数を使ってお願いすると，必ず両方の絵のお願いになるのかな」と再び問いかけると，子どもたちは「必ずじゃないよ。『目』をつけるとうさぎさんだけになって，『目』をつけないとりすさんといぬさん，うさぎさんになるよ」と説明した。子どもたちは「3」という数が匹数と順番の両方の意味をもっていることに気付き，指示の仕方でそれらを使い分けることができるようになった。

3.「同じ動物のときは，何と言ってお願いしますか」

次に「6匹のりすが立って一列に並んでいる絵（図4）」を提示した。子どもたちは「全部，同じりすさんだ」と話した。「この絵のように座ってもらうためには，何と言ってお願いしますか」と話し「一列に並んだりすのうち前から4匹だけが座っている絵（図5）」と「一列に並んだりすのうち，4匹目のりすだけが座っている絵（図6）」を提示した。

多くの子どもたちが「全部同じりすだから，動物の名前を呼んだお願いの仕方はできないよ」「数を使ったお願いの仕方だったらうまくいくと思うよ」とつぶやいた。教師は，つぶやきから子どもたちが匹数と順番という数の意味に着目していると見取ったため，どのように指示するのかノートにメモさせた。全員がノートに指示の仕方を書いていることを確認し，発表させた。

　発表した子どもは「お願いの仕方を2つ考えました」と話し「前から4匹は座ってください（図5）」「前から4匹目は座ってください（図6）」の2つの指示の仕方を発表した。発表を聞いた子どもたちは「数を使ってお願いすると，同じ動物だけのときも大丈夫だね」と数を用いた表現の有用性に気付いたり「5匹や5匹目，6匹や6匹目のように，他の数に変わってもお願いできるよ」と数の範囲を拡張して考察したりした。

何と言ってお願いしますか？

動物の名前を呼んだお願いの仕方はできないよ。

数を使ったお願いの仕方だったらうまくいくと思うよ。

　このように，さまざまな種類の動物が並ぶ場面から同じ動物が並ぶ場面へ変えることで，集合数や順序数という数の意味に着目して指示の仕方を考えるよさを，子どもたちが感じられるようにすることが大切である。

3 位置の表し方

兵庫県西宮市立鳴尾東小学校　久保田健祐

本時のねらい

方向（前後，左右，上下）と位置（何番目等）を表す言葉を用いて，座席の位置を表すことができる。

本時の問題

ざせきひょうが，水でぬれて見えなくなりました。ざせきひょうをもとどおりになおすことができますか？

どのような見方・考え方を引き出すか

座席の位置を表す際に，ある一定のものを基準として，方向（前後・左右・上下）と位置（何番目等）を用いて，その位置を捉えたり表したりすること。

どのように見方・考え方を引き出すか

授業の冒頭，「水でぬれて一部が見えなくなった座席表」を提示する。続けて，見えなくなった5人の座席位置を予想させる。ここで，子どもたちから出る「○○さんの横の横じゃない？」「前から数えたら……」等のつぶやきを取り上げ，方向や位置を表す見方・考え方を引き出していく。

次に，先生メモを提示する。このメモは，見えなくなった5人の座席位置について書かれたメモである。しかし，そのメモは，方向と位置についての要素が不十分であるため，座席位置をすぐさま特定することができない。この場面で，あえて不十分な状況をつくることで，「座席位置をどのように表すとよいか」という問いを持つことだろう。その問いを解決する場面で，ある一定のものを基準として，方向や位置についての言葉を用いて，ものの位置を表そうとする見方・考え方を十分に引き出していく。

本時の流れ

1. 「おおやまさんの席はどこ?」

授業の冒頭,座席表を提示する。

続けて,本時の問題を提示する。

ざせきひょうが,水でぬれてみえなくなりました。ざせきひょうをもと
どおりになおすことができますか?

問題を提示後,座席表の席が見えなくなった辺り(灰色の部分)を手で示し
ながら,「このあたりが全部見えなくなったよ」と子どもたちに伝えた。すると,
「おおやまさんだけはわかるよ!」と声が返ってくる。そこで,間髪入れず次
のように問いかけた。そして,子どもたちから次のような声が返ってきた。

 おおやまさんの席はどこ?

 やまねさんの横の横だよ。

 前から2番目だよ。

おおやまさんの席を考える活動を通して，ある一定のものを基準としたときのおおやまさんの位置を捉える見方を引き出すことができた。また，2番目などの順序数を用いて，その位置を数値化する考え方を引き出すことができた。ただ，この見方・考え方は，「何番目」の単元での既習事項である。その単元では，1列に並んだ子どもの順番を考える場面を扱っている。そのため，一次元的な見方しか行っていない。今回は，座席表を上から見た図で考えるため，二次元的な見方を要する。そのため，一方向の要素だけでは，位置を表すことができない。このときに感じる「あれ，前から2番目の席って，他にもあるよね」という違和感を引き出し，自分たちの考え方を見直すきっかけをつくる。そして，新たな表現方法を模索する機会をつくる。これが，方向や位置の見方・考え方を引き出す仕掛けである。

　先ほどの「前から2番目」という考え方に対して，「前から2番目の席はおおやまさんだけじゃないよ。やまねさんも前から2番目だよ」という声が返ってきた。続けて，「おおやまさんは，右から4番目だよ」「左から5番目とも言えるよ」といった考えが次々に出てきた。そこで，「どれが正しいの？」と子どもたちに投げかけた。すると，「おおやまさんの席は，『前から』と『右から』を使うと正しく言えるよ」と声が返ってくる。そこで，すぐさま次のように問いかけた。そして，子どもたちから次のような声が返ってきた。

 おおやまさんの席はどこ？

左から5番目，前から2番目だよ。

右から4番目，前から2番目だよ。

後ろから2番目，右から4番目だよ。

教師からの発問は，先ほどと全く同じであった。しかし，おおやまさんの席の位置を多様な見方で捉え直し，さまざまな表し方を考えることができた。この場面での見方・考え方を十分に共有し，価値付けた。

2.「先生メモを使って座席表を元通りにできるかな？」

「ところで，水でぬれて見えなくなった5人の席って，誰がどこかわかるかな？」と投げかける。すると，「ヒントがないとわからないよ」と声が返ってくる。そこで，先生メモを黒板に書き写した。

あおき	まえから　　　　　，みぎから3ばんめ
あかがわ	まえから2ばんめ，
ひがし	まえから1ばんめ，
やました	うしろから　　　　　，みぎから3ばんめ
しもだ	うしろから

　続けて，「先生メモを使って座席表を元通りにできるかな？」と投げかけた。この先生メモは，方向と位置についての要素が不十分であるため，座席位置をすぐさま特定することができない。そのため，座席表と先生メモの言葉を何度も見返すだろう。席の位置についての見方・考え方を引き出す工夫である。

　発問後，子どもたちには座席表の縮小版をワークシートとして配布し，自力解決の時間を設けた。その後，ペアや全体で交流した。子どもから，「ひがしさんならすぐにわかるよ」と声が挙がる。「なぜ，そう思ったの？」と問い返すと，「だって，前から1番目の席は1つしかないもの」と答えた。全員同じ考えであることを確認した。続けて

「他の席の人もわかる？」と投げかけた。すると，首をかしげながら数人の子どもが，「2人の席で迷っている」と言う。「誰と誰？」と聞くと，「あおきさんとやましたさん」と。その理由を聞くと，「2人とも右から3番目の席でしょ。どっちの席かわからないから」と答えた。その後，別の子どもが「あおきさんとやましたさんの席はまだわからないけれど，あかがわさんの席はわかったよ」と言って，おおやまさんの左隣を指さし，その理由を説明した。

あかがわさんの席はここだよ。だってね，あおきさんとやましたさんは，右から3番目の席でしょ。だから，2人のどちらかがおおやまさんの右側の席になるよ。そうすると，前から2番目の席はここしかないよ。だから，あかがわさんの席はここだよ。

　その説明にみんなが頷き，納得した。この説明で価値付けたいのは，方向と位置について見方や考え方を丁寧に説明しているところである。さらに，与えられた条件を整理しながら，自分の中で見いだした新たな考え方を表出させているところである。このように，ものの位置の見方・考え方を引き出したいときは，あえて不十分な要素を提示することが有効であると考える。
　その後，子どもたちの思考の矛先は，あおきさんとやましたさんのメモの

言葉に向けられた。「あおきさんの席は，前からって書いてあるよね。だから前から数えた方が早いってことじゃない」「そうそう。だから，多分あおきさんが前から2番目。やましたさんは，後ろから1番目だと思う」と言って，2人の席を当てはめた。このように，不確定な状況の中だからこそ，仮定した考えをもとに解決を図ろうとする姿を引き出すことができたと考える。この考え方を共有し，価値付けた。最後に，残っていた1席にしもださんの席を当てはめて座席表を完成させることができた。

3. 「先生メモも？」

「みんなのおかげで，見えなくなっていた座席表が元通りに戻ったよ。ありがとう！　こんなわかりにくい先生メモでよくわかったね！」と伝えた。すると，「今なら，先生メモも埋めることができるよ！」とみんなが声を挙げる。「先生メモも？」と問い返すと，「簡単！」と言って，今度は座席表を元に先生メモの空欄を埋め始めた。その後，全体で確認して授業を終えた。

　ものの位置を表す見方や考え方は，瞬間的な対話だけでは十分に引き出すことができない。このように，授業の中で適宜考える場面を意図的に仕組むことで，子どもたち自身が見方や考え方をメタ認知していくことだろう。もちろん，教師も子どもたちの見方・考え方をこのような場面で適宜価値付けていきたい。

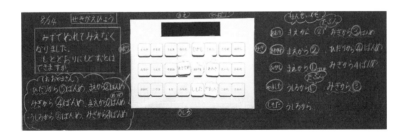

4

たし算（1）

青森県東北町立甲地小学校　工藤克己

■ **本時のねらい**

　問題場面から加法的な状況を見いだし，「あわせる」「いっしょにする」といった言語表現と具体的な操作とを結び付けて捉えることができる。

■ **本時の問題**

　さっきのカエルさんはいったいどうなったのかな？

■ **どのような見方・考え方を引き出すか**

・場面の様子を説明したいという思いを膨らませ，そこから「あわせる」「いっしょにする」などの加法的な表現すること。

・事象の動きについて，図に示したり半具体物を操作したりして表そうとすること。

■ **どのように見方・考え方を引き出すか**

　本単元「たし算（1）」は，算数の学習で最初に出合う計算単元であり，ここで子どもたちから引き出す見方・考え方はとても重要である。ともすれば，キーワードと操作を教え込む授業も見受けられる中，ここでは子どもたちが自ら「あわせる」「いっしょにする」といったキーワードを口にし，ブロックなどでその動きや数を確かめようとする姿を引き出したい。

　そのために，事象を紙芝居のように時系列で提示する。そして，数の対象の様子をあえて隠すことで，加法的な表現を子ども側から引き出すことができると考える。また，対話場面を意識的に設定し，子どもたちのさまざまな声を拾い上げることで引き出したい見方・考え方につなげていく。

◢ 本時の流れ

1. 「カエルさんは何をしているのかな」

下のような絵を提示する。

「なんだろう？」「あっ，カエルがいる！」「真ん中は石？」「水があるよ」

　教室はとても活発な雰囲気になる。

　子どもたちの反応を数多く引き出し，その声を大切にしながら授業を進めていきたい。そのためには，感じたことや考えたことを自由に発言できる日常的な教室の雰囲気づくりがとても重要になってくる。

　1枚目に替えて，2枚目の絵を見せる。

　3匹のカエルの姿を見た1年生はいっそう元気に反応してくる。

「あっ，やっぱりカエルがいる」「葉っぱの上に乗っているね」

「カエルは3匹いるよ」

　絵をよく見ると，カエルの視線は石の方に向いている。

「カエルは石の上にあがろうとしているのかな？」

　ここでは，絵を見てカエルの気持ちを察し，そこに思いをはせた子どもた

ちの発言を期待したい。算数の問題提示の場面では，解決のため重要部分のみをピックアップし，それ以外の事象を捨象して捉えさせがちだが，できれば場面に自分自身を同化し，様子を豊かにイメージできる力を育てたいのである。本時は，前述したような発言が，加法のイメージを具体化するためのスイッチとなるため，なおさら大事にしたい。

　続いて３枚目の絵を見せる。

「あっ，今度は２匹のカエルだ」
　このカエルも石の方を向いていることを確認し，次の絵を見せる。

2. 「カエルさんはどうなったのかな？」

　右の葉っぱにも左の葉っぱにもカエルはいなくなった。しかし，隠された石の上にはカエルの頭がちょっとだけ見え隠れしている。
　ここで次のように問うのである。
「さっきのカエルさんはいったいどうなったのかな？」
　この場面では授業者によって次のように問う場合がある。

「石の上にさっきのカエルがみんな上がりました。カエルは全部で何匹いるでしょう？」

　ここでカエルの匹数を問えば，子どもからは「5匹」という答えが返ってくるかもしれない。無論，ここで総数を問う手もないではない。しかし気を付けたいのは，ここは計算指導の入口である，ということだ。答えを導き出す以前に，「足す」という意味合いを確認するための活動を優先すべきだと考える。答え（数）を問うのはその先でよい。

　再び，先程の問いに戻る。

「さっきのカエルさんはいったいどうなったのかな？」

　すると子どもたちは口々に，

「みんな石の上に上がったんだよ」

「だって，何匹か頭が見えているよ」

　と言ってくる。

　本時のねらいに迫るための対話的な学びがここからスタートする。

　ねらいに迫るためには，子どもたちの声に簡単に理解を示さず，今友だちが言ったことがどういうことなのか，学級全体に問い返すことが大切である。

「石の上に上がったって，どういうこと？」

　すると子どもたちは，さまざまな手立てを使って一生懸命そのことを説明し出すのである。

　ちなみに，本時の絵の提示に関しては，印刷したものを黒板上に貼ってもよいし，映像をモニターや電子黒板に映したり，プロジェクターで黒板やホワイトボードに投影したりしてもよい。いろいろな方法が考えられる中，できれば，絵に直接書き込みできる方法がよい。カエルの動きを説明しようとした子どもたちは，前に出て指で動きを表そうとしたり，線を書き込もうとしたりするからである。磁石などをカエルに見立て，動きを表現しようとする子がいればさらに望ましい。

　実際の子どもたちは，次のような反応を示した。

さっきのカエルさんは，いったいどうなったのかな？

石の上に上がったよ。

どういうこと？

こういうことだよ。

おはじきがほしい。

「おはじきがほしい」と言い出した子は，教師用の大きなおはじきの存在を知っていたらしい。その子は左の葉っぱに３個，右の葉っぱに２個おはじきを置き，１つずつそれを石の上に動かして，５個のおはじきを石の上に置き終えた。授業では，この子の行為を大いに認め，価値付けた。そして，このおはじきの動きを全員でやってみることにした。

机の上に３個と２個のおはじきを置き，先程の動きを真似てみる。

全員でその動きを確認したところで，最後の絵を見せた。

3匹と2匹のカエルさんは，どうなったかな？

石の上で楽しそう。

石の上で集まっている。
いっしょになっている。

　子どもたちから，「集まった」とか「いっしょになった」という表現を引き出すことが本時の大事なねらいであるため，このキーワードを黒板に大きく書き，改めておはじきの動きをやってみせた。このように，言語表現と実際のおはじきの操作を結び付けることは，今後，演算決定の判断をしていくための大切な手がかりとなるため，大事にしたい。

　文章題から見つけ出したキーワードに線を引き，「問題文の中に"あわせて"とあるからたし算だ」としか捉えることのできない子どもにはしたくない。なぜなら，今後逆思考などの問題に出合った場合，キーワードしか判断材料として持てない子は，それにとらわれて機械的に演算決定をしがちだからである。例え文中に「あわせて」というキーワードがあったとしても，問題状況を豊かにイメージできる子どもは，全く異なった反応を示すだろう。そういった意味でも，本単元「たし算（1）」の第1時目は重要なのである。
　演算決定の際，数値の対象物がどのような状態・状況なのかを豊かに捉え，自分なりにイメージ化し，それを図にしたり具体物を動かしたりできる子どもたちを育てたいものである。

5

ひき算（1）

■ 本 時 の ね ら い

求差の場合の減法の意味を理解し，計算の仕方を考えることができる。

■ 本 時 の 問 題

男の子が10人います。女の子は6人います。
どちらがどれだけおおいでしょうか。

■ どのような見方・考え方を引き出すか

既習である減法の求残と未習である求差の減法の違いを明確にし，減法の
意味の拡張と式を統合すること。

■ どのように見方・考え方を引き出すか

加法の合併・増加，減法の求残・求差の4つの問題文を1問ずつ提示し答
えを求める中で，既習の問題と未習である求差の違いを明確に意識付ける。

|ア| じどうしゃが4だいとまっています。
3だいくると，ぜんぶでなんだいになる
でしょうか。

|イ| くろいねこが2ひき　しろいねこが5ひ
きいます。ねこはぜんぶでなんひきにな
るでしょうか。

|ウ| りんごが9こあります。3こたべました。
のこりは，なんこでしょう。

|エ| おとこのこが10にんいます。
おんなのこが6にんいます。
どちらが，どれだけおおいでしょうか。

子どもはア〜ウは既習であるため容易に式や答えを求めることができる。し
かし，エの問題に対して答えは出せるが，式をつくることができないと発言
するだろう。ここで，子どもの問いは「この問題（求差）はどんな式になる

のかな？」と明確になる。そして，その問いを解決するために，既習である加法の合併や増加，減法の求残の考え方と比較させながら，意味を拡張し式を統合していく子どもの姿を引き出したい。

■ 本時の流れ

1.「この問題の式はなんだろう？」

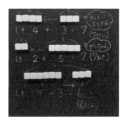

　ア から エ までの問題を1つずつ提示する。まずア の問題を提示すると「さっとたし算だから，4＋3＝7で7台だ」とある子が発言する。さっとたし算とは本学級の子どもたちがネーミングした増加のたし算のことである。続いて イ の問題を提示すると「これはがっちゃんたし算だから2＋5＝7で7匹だ」と合併のたし算であることが確認される。これらの発言から子どもがイメージを持って問題文に働きかけていることがわかる。同じように ウ の求残の問題でも「さっとひき算だから9－3＝6で6個」と確認された。そして，本題である求差の問題 エ を提示すると，多くの子が次の反応を示した。

エ おとこのこが10にんいます。
　 おんなのこが6にんいます。
　 どちらが，どれだけおおいでしょうか。

え?!
わからないよ……。

　この「わからない」という意見を期待していた。なぜなら，この「わからない」には次の4つの意味があると考えていたからである。

　①問題の意味がわからない②どちらが多いかわからない③どれだけ多いかわからない④どちらがどれだけ多いかわかるが，式がわからない

　つまり，この4つの「わからない」を整理していくことで，本時の問いが焦点化できると考えていた。

「何がわからないの？」と発問すると，予想通り次の発言があった。

「どうやって図にしたらいいかわからない」「どれだけ多いかわからない」

「式がわからない」……。

「式がわからない」という発言には，「僕も」「私も」と多くの子が共感している。やはり，求差の問題の子どもの一番の困り感は，立式であることがわかる。ここで意図的に「エ は式がない問題かもしれないね」と断定し揺さぶった。すると「さっきの３つの問題には図も式も答えもあったから，絶対にこの問題にも式があると思う」と子どもは反論する。既習の３つの問題と比較することで，「この問題の式はなんだろう？」とより子どもの問いが明確になった。

2. 「この問題はひき算でいいのかな？」

問いが明確になったところで自力思考に入る。子どもの考えは大きく次の３つに分かれた。

ア 図に表して答えは求められたが，立式はできない。（23人）

イ 図に表して答えは求められたが，式が誤答。（2人）

ウ 図も答えも式も正答。（1人）

自力思考中も「答えはわかったけど，やっぱり式がわからない」というつぶやきがあちらこちらで聞こえる。このような子どもの実態を把握し，全体での話し合いに入る。まず，ブロックを使い答えを確認する。

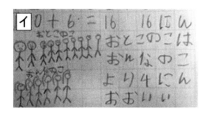

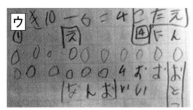

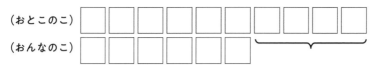

（おとこのこ）

（おんなのこ）

おとこのこが4にんおおい

　そして「次の式で求めているお友だちがいました。このように考えた気持ち
がわかるかな？」と発問し，2つの式を提示する。$10 + 6 = 16$　$10 - 6 = 4$
「たし算ではないでしょ！」と反論が出る一方で「気持ちはわかる」という
子が現れる。理由を尋ねると「ア～ウのたし算やひき算の問題では問題に出
てきた数を使って式をつくったので，この問題もそのように考えたと思う」
と発言したのである。他の子が「そう考えると $10 - 6 = 4$ も同じように考え
たかもしれないね」と $10 + 6 = 16$ と $10 - 6 = 4$ の式の着想の共通点に気付い
た。また，$10 - 6 = 4$ と書いた子は「ブロックで男の子が4人多いと確認し
たから，それと同じ答えになる式を考えた」と答えたのである。これらの発
言から，子どもの考えにはその子なりの既習の学びから得た根拠があり，そ
れをもとに思考を働かせ，立式していることがわかる。このような対話を通
して「式は $10 - 6 = 4$ のひき算になるだろう」という見通しが立ったところ
で，教師から式も答えもこれでよいことを伝えた。つまり「違い」を求める
問題は，ひき算で求めることができることを教えたのである。

　すると「なんか，納得できないな……」とある子がつぶやいた。これまでの
加法・減法の学習では，問題文の具体的な意味やブロック操作などから意味付
けを行い演算の定義をしてきた。しかし，今回の求差にはそのような意味付け
がないため，子どもは納得していないのである。「なぜひき算で求めることが
できるのか」ここで，本時の核心となる「問い」が子どもの中で大きくなる。

3.「なぜ，ひき算で求めることができるのか？」

　子どもに「なぜひき算で求めることができるのか」と直接的に問いかけて
も，解決の糸口をつかむのは難しいと考えていた。そこで，$10 - 6 = 4$ の式

のそれぞれの数の意味を問うことにした。「10は何を表しているのかな？　6は？　4は？」と子どもと対話しながら式に表されている数の意味を板書する。そして，再度「10は男の子の数，6は女の子の数，4は男の子の数だよね」と強調しながら確認すると「あれ，変だ……」と子どもたちは気付き始める。

$$10 - 6 = 4$$

おとこのこ　　おんなのこ　　おとこのこ

男の子10人から女の子6人を引いたら，男の子が4人ってこと？

あれ？　女の子のブロック6個を取ると男の子のブロックが10個残ってしまい，男の子が10人多いことになっちゃうよ……。

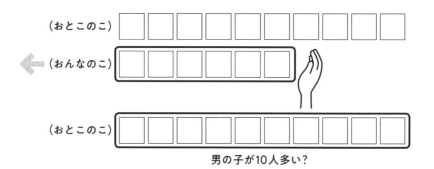

男の子が10人多い？

　集合の違う男の子から女の子は引けないことが確認されるとともに，加法と減法の計算の原則は同種の量でなければならないことが意識付けられる。

　そして，子どもの問いは「男の子が4人多いことをブロック操作でどのように表したらいいのか」となる。しばらく考える時間をとると，ある子が次のように説明しながらブロック操作を行った。

男の子と女の子の同じ人数になっているブロックをペアにして取ればいい。そしたら，男の子が4人多いことがわかるよ！

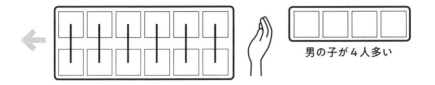

男の子が4人多い

　この説明をうけ，ある子が「このように考えると『残り』を求めるひき算と同じだね」と発言した。「同じって，どこが同じなの？」と問い返すと「同じところを『取る』と残りが出るところ。それが男の子と女の子の『違い』になっている」と答えた。さらに「どうして，そのように考えたの？」と考え方の着想を問う。「がっちゃんたし算（合併）とさっとたし算（増加）のときも，ブロックの動かし方が同じだったでしょ。だから，ひき算も同じように動かすことができないかと思って……」と既習であるたし算の合併と増加の式の統合の仕方を活用し，ひき算の求残と求差の式を統合したのである。この説明には全員が納得した。

4. 今まで習ったことと同じように考える

　その後「残りはいくつでしょうか」と「どちらがどれだけ多いでしょうか（違い）」では言葉は違っているが「取る」という操作が同じであることから，求差も求残と同じようにひき算で求めることができることを再度確認する。そして，先述したブロック操作を全員で行い，求差のひき算の意味理解を確実にした。最後に，これまでの学びの過程を振り返りながら，わからない問題があったときには「今まで習ったことと同じように考えることはできないか」と問題解決していくことで既習と未習の学びを統合的に考えることができることを価値付けた。

6

大きさ比べ（広さ）

熊本大学教育学部附属小学校　篠田啓子

◢ 本時のねらい

　動かすことのできない物の面積を比べることを通して，任意単位による測定の方法を見いだすことができる。

◢ 本時の問題

　4つのかたちのひろさ（じんとりゲームでかくとくした）をくらべるには，どうしたらいいだろうか。

◢ どのような見方・考え方を引き出すか

　パターンブロックでつくった形の面積を比べることを通して，これまでの「長さ」や「かさ」で学んだ直接比較や任意単位による測定などの考え方を用い，ブロック（正三角形の緑のブロック）1つを任意単位として広さを比べたり，表現したりすること。

◢ どのように見方・考え方を引き出すか

　本時は，導入でパターンブロックを使った陣取りゲームを行う。4人で行い，ゲーム終了後，形の違う4つの陣の広さを比べることにする。形が違う上に，動かすことが容易でない対象の物の広さを比べることに困難さを感じるはずである。広さを比べることができなければゲームの勝敗を決定することができない。このような状況をつくることで，子どもたちが主体的に広さの比べ方を見いだそうとする姿が期待できる。

　このときに，長さやかさでの学習の足跡の掲示をもとに，対象が動かないときにはどのように考えたかを振り返り，これまでの学びを生かそうとする。

　さらに，広さの順位をつけなければいけない状況にすることで，任意単位

を用いると「広さを数値化できる」ということのよさを実感させることができる。

■ 本時の流れ

1. 「パターンブロックで陣取りをしよう」

　本時は，広さ比べの2時間目である。ブラックボックスの中に入っているパターンブロックを4人で順番に引いていき，ブロックをつなげていき，自分の陣を広げていくゲームである。パターンブロックとは以下のような6種類の形がある。

　本時では，上記の中から，赤（台形），青（ひし形），緑（正三角形）の3種類のブロックを使う。赤は緑の3つ分，青は緑の2つ分となっている。

　最初は，ブラックボックスの中から適当にパターンブロックを取る子どもたちだったが，「赤のブロックを取ったら勝てる」と，ブロックの面の広さに着目しはじめる子どもの姿も見られるようになる。

　ゲームをしている最中は，手で触りながら広い面のブロックを探そうとする子どももいるがブラックボックスの中からパターンブロックを引くこと自体を楽しんでいる子どももいる。この時点では，全員が面の広さに着目しているわけではない。

ブラックボックスの中からブロックをとる　　　4人で対戦をする

2. 「4人の中で誰が勝ったか比べよう」

　ブラックボックスの中にあるパターンブロックがなくなったところでゲーム終了である。ゲームなので，子どもたちは自然と勝敗を決めていく。9つのグループの中で，いくつかのグループが困っている様子であった。

> 4人の広さの順位はつけられたかな？

> 形が違うからわからない。どうやって比べるの？

　グループの困り事は，パターンブロックでできた陣の広さをどうすると比べられるかということである。動かそうと思えば，動かせるので「重ねて比べていいのかな？」と前時で見いだした直接比較の方法を使ってみようとつぶやく子どももいる。これに対し，「バラバラになるからできないんじゃない？」と，直接比較の方法が適していないという考えをもつ子どももいる。「形が違うからできないよ」と，それぞれの陣を見ながら，形の違いに着目する子どももいる。

　このように，広さを比べて順位をつけることができないというグループがいくつかあり，さらに，広さの順位を根拠がなく見た目で判断しているグループも見られたので，この困り事を全体で解決していく課題として取り上げた。

3. 「違う形のものの広さをどうやって比べるといいのかな」

　困っているグループのモデルを取り上げ，どうやって広さを比べるといいのかを話し合っていった。

　直接比較は不可能ではないが，形の違うブロックでできた陣の広さを比べるのは少し難しいのではないかと子どもたちが考え始めたところで，子どもから「数を数えるといいんじゃない？」という新しい考えが出された。数を

数えるという考えが理解できない子どもたちから「何の数を数えるの？」という質問があった。「ブロックの数」という返答があったので，黒板に提示しているモデルを使って，着目しているブロックの数について全体で共有していった。数に注目するという考えは，任意単位につながっていくものになると考え，丁寧に扱っていくことにする。一人ひとりの陣を見ていきながら，「赤が〇個，青が〇個，緑が〇個」と，それぞれのブロックが何個あるのかを確認していった。

すべての陣のブロックの数を確認したところで，「D君のは，赤がないから4位だよ」という発言があった。その発言に，ほとんどの子どもたちが「確かにそうだ」と納得した。しかし，この考えは正解ではない。一番広い赤のブロックがあるかないかで広さを比べることはできないし，赤の数で広さの順位が決まるわけでも

取り上げたモデル

ない。しかし，ゲームのときから，赤のブロックを探していた子どもたちやグループの中で赤のブロックに着目して広さを比べようとしている子どもたちにとっては「赤がないから4位だよ」という発言は納得のいくものである。

 赤の数だけ見れば，順位がわかるんだね。

赤があったら1位なの？

そこで，子どもたちの反応を受けて「じゃあ，赤の数だけ見れば，順位がわかるんだね」と子どもたちを揺さぶった。この発問に対しては，「そう」という子どももいるが，首をかしげる子どももいた。そして，その中の1人の子どもが「赤があったら1位なの？」と疑問を呈した。

この子どもの疑問が，すべての子どもたちが目の前の事象に対して立ち止まるきっかけとなった。赤のブロックがあることや赤のブロックの数だけで

は，広さの大小は比較できないのではないかと考え始めたのである。

　その中で「赤のブロックの形を作ればいいんじゃない？」「そしたら，赤の何個分でわかるね」と，赤のブロックを1つの任意単位として数値化して比べようという考えが出された。それぞれの陣を赤のブロックの形が何個あるか調べるために，形を変えていった。すると，次のような結果になった。

	元々の陣の形	赤のブロックの形にすると
Aさん		赤3個　青1個
B君		赤3個
Cさん		赤3個　緑1個
D君		赤2個　緑1個

　この結果を見た子どもたちは，「やっぱりD君のが4位だね」「3位はB君」と，形を変えてできた赤のブロックの数に着目し，順位を決定していった。子どもたちにとって，赤のブロックの数ではっきりわかるB君とD君の順位はつけやすいので，3位，4位から順位が決まっていった。その後，「1位はAさんだね。だって，緑より青が大きいでしょ」と赤のブロックでぴったりできずに余った部分に目を向け出す子どもの姿が見られた。

　順位が決定したことに満足した子どもたちの中で，「ぴったりできないね」という子どもの発言があった。「ぴったりできないって，どういうこと？」と

いう授業者の問いかけに、「余ったところがある」との返答があった。それを聞いた周りの子どもたちも「きれいに赤のブロックの何個分にはならないね」と反応した。順位が決定したことに満足した子どももいれば、ぴったり何個分と言えないもどかしさを感じている子どももいた。

4.「ぴったり何個分比べはできないのかな」

　子どもたちは、赤のブロックの形にそろえると、その何個分かで広さを比べられることに気付いた。本時は任意単位から普遍単位につなげていくねらいがある。授業者は、広さの数値化を緑のブロックでしてほしいという願いをもっていた。そこで、これまでの「長さ」や「かさ」での学びを振り返らせた。

> 何個分比べは、長さやかさでもでてきたね。
> そのときは、どんなことを話し合ったかな？

> 水の量を比べるときは、大きいコップと小さいコップを使ったけど、小さいコップの方がどれだけ水のかさが違うかはっきりわかったよ。

　かさでの学びを思い出し、「小さい方が、違いがはっきりわかった」「だったら赤のブロックじゃなくて、緑のブロックで考えた方がいいんじゃない？」など、ぴったり何個分と言える緑のブロックに着目し、数値化しようとする姿が見られた。

かずしらべ

三島市教育委員会学校教育課　中越進

■ 本時のねらい

　ものの個数について，簡単な絵や図などに表したり，それらを読み取ったりして，事象の特徴を捉えることができる。

■ 本時の問題

　みつけた　木のみ　を　みやすく　せいり　しましょう。

■ どのような見方・考え方を引き出すか

(1) ものの個数を比べるとき，種類ごとに整理したり，均等に並べたりすると比べられることがわかる。

(2) データから，「〜だから，ここに取りにいくよ」と根拠をもって，自分の考えを判断する。

■ どのように見方・考え方を引き出すか

　(1) については，「木の実（ドングリ，クヌギ，マツボックリ）を使って遊ぶ」という生活科の学習との関連を図るようにする。その際，「見つけたよカード」を幾つも用意し，一人ひとりに見つけた木の実の数だけカードを渡し，取れた木の実と場所を記入させる。どれだけ取れたかをグループで共有する。「一番多く取れたのは何かな」という問いが生まれてくるだろう。そこで，「種類ごとに整理するとよい」「大きさをそろえるとよい」といった気付きを引き出し，簡単なグラフに整理していく。

　(2) については，公園等の場所を記入していることから，自分の意思決定の理由を説明する発言を引き出す。場所ごとのグラフを完成し比較することで，「ぼくはもっとドングリを取りたい。だから，〇〇公園に行く」と根拠をもっ

て自分の考えを判断する経験をさせたい。

■ 本時の流れ

1. 「秋の実を見つけよう」（生活科の学習で行いたい）

　生活科で「秋探しをしよう」といった学習から，木の実や木の葉を使って遊びや作品作りにつなげている学校は多い。例えば，ドングリを使ってのドングリごま，クヌギを使ってのアクセサリーづくり，マツボックリを使ってのけん玉遊び，というようにそれぞれの特徴を生かし遊び等に発展させていくこともできる。ここでは，木の実を使った遊びと関連させ，「かずしらべ」の学習とつなげていきたい。導入では，木の実を使った遊びやゲーム等を子どもに見せ，「〜をつくりたいな」「〜をやってみたいな」と，意欲を持たせておきたい。

　実際に秋探しに行って木の実を見つけていくと，「ドングリがあったよ」「マツボックリをたくさん見つけた」「○○公園にはドングリがいっぱいあるんだよ」「幼稚園の時，ドングリごまを作ったよ」などと，子どもは木の実を見つけながら，さまざまな発見をしていく。そこで，見つけた木の実を取るだけでなく，右のような「見つけたカード」をいくつも用意し，見つけた木の実，場所を記入できるようにしておく。この際に，ドングリがよく取れる場所，マツボックリがよく取れる場所というように，いくつかの特徴的な場所で秋探しをできるようにしておく。このことが②の見方・考え方を引き出す手立てともなる。

2. 「見つけた木の実を整理しよう」

　木の実を見つけ，教室に戻ると，「ドングリがたくさんとれたね」「私はクヌギが多いよ」「マツボックリでけん玉をつくることができるよ」と，子どもは自分の取ってきた木の実を目の前に思い思いに話をする。いくつかの種類

の木の実を取ってきていることから，子どもは，「○○が多いよ」や「○○は少ないなあ」といった数に目を向けていく。そこを見計らって，「どの木の実がよく取れたのかなあ」と，子どもに投げかける。しかし，ここでは，すぐに子ども自身の取ってきたもので取り組ませるのではなく教師が取ってきたものを提示する。

「先生は，これだけ取ったんだよね」と，袋に入っている木の実（ドングリ6つ，クヌギ3つ，マツボックリ5つ）を見せる。袋に入ったままなので，それぞれの木の実の正確な数はわからない。そこで，「袋から出して数えたい。並べたい」という子どもの発言を引き出し，「みつけた　木のみ　を　せいりしましょう」という学習課題をもたせる。

3.「わかりやすくしたい」

　子ども一人ひとりに木の実の絵カードを渡し，個の活動に入る。それぞれの絵カードを用いることで，どの木の実がいくつずつあるのかについて並べる活動を行うことができる。子どもはこれまでの経験から同じ種類ごとに整理することは考えつくが，その整理の仕方に多様性が表れる。この段階では，それぞれの活動を認め，価値付けるようにしたい。そして，その後の全体活動へと広げていく。

①種類ごとに集める

　子どもは同じ仲間ごと集める。整理の仕方はさまざまではあるが，種類ごとになっている。「同じ種類ごと」は子どもがもっている見方・考え方の一つ

である。最初は同じ仲間を集めるだけであるが，だんだんと右のように整理されてくる。そこで，「こうするとわかりやすいの？」と聞くと，「同じ仲間で集めると何が多いかがわかるよ」と答える。いくつずつあるか，ということではこの集め方でもよくわかる。「なるほど，同じ仲間同士で集めたんだ」と，こ

の集め方も価値付けたい。その後,「違いもわかるかな?」といった投げかけをすることで,「これだと違いはわからないか。どうすればいいかあ」と,子どもは改めて整理の仕方を見直していく。

②同じ種類ごとに並べる

子どもは並べて比べるとわかりやすくなるだろうということから,種類ごとに絵カードを一列に並べていく。しかし,それぞれの絵カードの大きさが異なることから,ただ並べるだけでは,見た目では判断しにくい。「並べるとわかりやすくなったねえ」と教師が声をかけていくと,「でも,これだと困っちゃうんだよなあ」と子どもが,違和感を感じている

ることはわかる。そこで,「どうして困っちゃうの」と問い返すことで,「何が多いかはわからないんだよ。もっとわかりやすくしたいな」と子どもは自分の困り感を伝える。

①②のような表れや子どもの「困った」をもとに,全体活動へとつなげていく。

4.「ぱっと見てわかるようにするには」

子どもの「違いがわかりにくい」「すぐにわからない」といった表れをもとに,全体での学習に入る。まず,「同じ仲間で集めると何が多いかがわかるんだよね」と,教師は言いながら種類ごとに集めたものを黒板に示す。すると,子どもから,「それだと違いがわかりにくいし,何が一番多いかがわからなかったんだよ」と発言がある。子どもの困ったことを引き出すと共に,「同じ種類ごとに集める」という言葉は価値付け,黒板に残しておきたい。

次に,一列に並べて比べようとしたが,カードの大きさが異なり,比べられなかった場面を黒板で示す。

「これだと,何が多いかはわかりにくいんだよ」といった子どもの言葉も引

き出したい。この時，二つの整理の仕方から，「並べ方は違うけど，同じ種類ごと並べているね」と，二つの整理の仕方の共通点は押さえておきたい。

見方・考え方が働いている場面①

ぱっと見てわかりやすくするには，どうすればいいのかな？

横がそろっていないから，わかりにくいんだ。

縦と横をそろえるとぱっと見てすぐにわかるよ。

はしをそろえて並べることが大切だね。

　黒板にまだ整理されていない状態の絵カードを示していることから，子どもから「わかりにくい」「比べられない」といった言葉が出てくる。そこで，「ぱっと見てわかりやくするには，どうすればいいのかな」と問う。本時で引き出したい見方・考え方を問う発問である。子どもはすでにわかりにくさを感じていることから，「横がそろっていないからわかりにくい」「縦と横をそろえるとぱっと見てすぐにわかる」「はしをそろえて並べることが大切だ」と，子どもがもっている数学的な見方・考え方を引き出しながら，グラフをつくるときに大切な基本的事項を子どもの言葉から押さえていく。

5. 「わたしは，A公園に行くよ」

　教師が提示したカードでのグラフづくりを終えた後，自分が取ってきた木の実のカードをグラフ化する活動を行う。

「ぼくはマツボックリが一番とれたよ」「私はドングリが多かったよ」とそれぞれのグラフを見ながら特徴を話し合っていく。みつけたよカードには，公園名も記入していることから，公園で取れる木の実の違いを比較できる。「A公園はマツボックリがよく取れるんだ」「B公園だとドングリがよく取れるよ」ということへも気付きが生まれる。

見方・考え方が働いている場面②

 次はどの公園に取りに行きたい？

 A公園に行きたい。だって，マツボックリでたくさんのけん玉を作りたい。

B公園に行きたい。ドングリごま大会をぼくはやりたいよ。

　1年生の学習ではあるが，ただ絵グラフを作るのではなく，絵グラフからそれぞれの公園の特徴を読み取る活動も取り入れたい。それぞれの特徴を読み取ったところで，教師から，「次はどの公園に取りに行きたい？」と，投げかける。子どもは，木の実を使って「○○をしたい」という思いをもっているため，「A公園に行きたいよ。だって，マツボックリのけん玉をたくさん作りたいから」「ぼくはB公園に行きたいよ。だってね，ドングリをたくさん取って，ドングリごま大会をしたいんだ」というように，絵グラフを根拠にしながら自分の意思決定をした理由も付け加えながら発言する。絵グラフを根拠にしながら，自分の考えを発言している。データの活用で大切にしたい見方・考え方の一つである。この学習では，数える，並べる，特徴を読み取るといった活動だけではなく，グラフを根拠に自分の意思決定をする活動も取り入れたい。そのためにも，本実践では，「秋の実を使った遊び」をするためにはどの公園に行けばよいのかという目的を解決する学習にしている。1年生の段階からこのような活動は位置付けていきたい。

10より大きい数

筑波大学附属小学校　夏坂哲志

本時のねらい

　2位数について，10のまとまりの個数と端数という考え方をもとにして表現されていることのよさを理解する。

本時の問題

　カップの中のつみ木のこすうが　一目でわかるようにならべましょう。また，
カップのふたの上に，2しょくのシールでつみ木のかずを　あらわしましょう。

どのような見方・考え方を引き出すか

　22という数の場合，十の位の2は「10のまとまりが2個」あることを表し，一の位の2は「1が2個」あることを表している。つまり，同じ2であっても，その位置によって単位の大きさを変えて表現している。

　このように，2位数を表現するには，一，十などの単位の大きさをそれぞれ0〜9で表せばよいという見方を引き出す。

どのように見方・考え方を引き出すか

　立方体の積み木が20〜30個程度入っているカップを用意し，2人に1カップずつ配る。そして，「積み木の数を数えましょう。そして，その数が，見ただけでわかるようにしてください」と言う。全員が並べ終わった頃合いを見計らって，積み木の並べ方をお互いに見合う。

　その後，一度積み木をカップに戻し，数を数えるペアを変える。そして，もう一度，同じことをするが，2回目は「できるだけ早く並べられる方法がいいな」と付け加える。すると，シンプルな方法が増えてくる。それは，十のまとまりとバラに分ける並べ方である。

最後に，「カップの中の積み木の個数がわかるように，ふたに数を書いておきたいんだけど，鉛筆やペンはありません。緑と黄色の丸いシールはあるんだけど……」と伝えると，「そのシールが使える」という意見が出される。

　その方法は，「緑のシール１枚が10，黄色のシール１枚が１ということにすればよい」というものである。例えば，積み木の個数が23個の場合は，カップのふたに，緑のシールを２枚，黄色のシールを３枚貼ればよい。

　このことを理解し，それぞれふたにシールを貼って授業を終える。

■ 本時の流れ

1. 「カップの中の積み木は何個かな？」

　２人組に１つずつカップを配る。

　カップは丼型のプラスチック製で，透明のふたがついている。その中に，２cm×２cmの積み木が20〜30個ずつ入れてある。

　全員に配り終えたら，「カップの中の積み木は何個かな？」と尋ねる。中は見えるので，子どもたちはふたの上から数え始めるが，重なったりしているためにはっきりしない。２人の答えが一致せず，言い合いを始めるペアもある。

　そこで，カップから出して数えてよいことにする。その時に，「お願いがあります。数がわかったら，先生が見ただけで個数がわかるように並べてほしいな」と付け加える。

　子どもたちは，２人で相談しながら積み木の並べ方を考える。

　並べ方を大まかに分類すると，下のA〜Cの３つの方法に分けられる。

A　31個

B　22個

C　34個

写真のAは10のまとまりとバラに，Bは5のまとまりとバラに分けている。Cは，積み木を並べて線にして，個数を表す数字の形をつくっている。

　この後，並べた積み木をそのままにして，数の表し方をお互いに見合う時間を取る。子どもたちは，「自分たちと同じ並べ方をしている」とか，「これ，わかりやすいね」などと言いながら見て歩いた。

2.「もう一度，並べてみよう」

　ここで一度，積み木をカップに戻させる。そして今度は，ペアと数えるカップを変えて，同じように積み木の数を並べて表すことを伝える。

　いろいろな並べ方を見ているので，次に並べるときには，いいと思った方法を真似ながら，よりわかりやすい並べ方をしてくれるだろうと期待を込めて2回目を行うわけである。

　けれども，心配なことがあった。それは，お互いに並べ方を見て歩いていた後に，「『この並べ方がわかりやすいなあ』と思う並べ方のところに行って立ちましょう」と言った時に，Cのところに結構子どもが集まったことである。この様子を見て，「数字の形に並べる子が増えると困るなあ」と思ったので，「もう一度，カップの中の積み木の数が一目でわかるように並べてもらうよ」の後に，「できるだけ素早く並べられるといいなあ」と付け加えてみた。

　そして，積み木を並べる活動の2回目をスタートさせる。

　子どもたちの動きに目を向けると，やはりCのように数字の形に並べるペアがいる。子どもたちは，「この方法の方がわかりやすい」と思うのか，あるいは「さっきと違う方法でやりたい」「数字に並べるのは面白そう」と思うのか，1回目よりもCを選ぶペアの数は増えたように見える。

　困ったなあと思い，「素早く並べられる方法がいいなあ。今やっている方法は，さっとできるかなあ？」と念押ししてみた。

　すると，数字の形に並べていた子たちの多くがこの言葉に反応し始めた。いい方法だと思ったのに，やってみると，「数字の形に並べる」のは思ったより

も大変で，時間がかかることに気づいたのだろう。「10のまとまりをつくる」というＡのような並べ方に変え始めたのである。その方が，並べ方も簡単で，しかも一目で個数がわかると思ったようである。

また，「34個みたいに積み木がたくさんあればいいけど，積み木が少ないと数字がつくれない」とか「逆さまから見ると，なんという数か読めない」といった声も聞かれた。

一目でわかるように並べてね。
できるだけ素早く並べられる方法がいいなあ。

数字の形に並べるのは大変。

10のまとまりを作る方が簡単だね。

3.「カップの中の積み木の数がわかるように，ふたに書いておこう」

せっかく数を数えたので，カップのふたに，中の積み木の数を記しておくことにする。油性ペンなどがあればふたに数を書けるのだが，この時，子どもたちは筆記用具を持っていなかった（この授業は，算数教室で行ったのだが，この教室に移動する時に，わざと何も持たせなかった）。

ここでちょっと困ったふりをする。

「書くものがないねえ。困ったねえ。何かないかなあ」と言いながら，ズボンのポケットなどを探る。そして，「あ，何かあるぞ」と，胸ポケットからシールを取り出す。そのシールを見せながら，「胸のポケットに，こんなものが入っていたよ。緑の丸シール10枚と黄色の丸シールが10枚。これが使えないかなあ」と子どもに投げかけてみる。

すると，「使えるよ」と言って手を挙げる子がいる。尋ねてみると，次のようなアイディアを話してくれた。

「10のまとまり1つを緑のシール1枚，バラの1個を黄色のシール1枚にしてふたに貼ればよい」

「十の位を緑のシールにして，一の位を黄色のシールにすればよい」

「緑のシール1枚が積み木10個分で，黄色のシール1枚が積み木1個分」

　言い方は違うが，みんな同じことを考えているようだ。この意見をみんなわかったようなので，緑と黄色のシールをそれぞれ10枚ずつ配り，ふたに貼らせることにした。

2色のシールが10枚ずつあるけど，これが使えないかな？

10のまとまり1つを緑のシール1枚，バラ1個を黄色のシール1枚にすればよい。

こうするんだね。

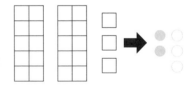

4.「シールを正しく貼ることができたかな？」

　ふたにシールを貼り終わったら，並べてある積み木と見比べてみる。

　右の写真は，正しく数を表している例である。それぞれDは26，Eは30を表している。ところが，シールの数を間違っているものもあった。次のページの写真FやGのような貼り方である。

　Fの積み木の数は20個。読み方が「にじゅう」なので，「に」で緑を2枚，「じ

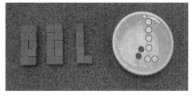

D　26個

ゅう」で黄色を10枚貼ったのである。

　漢字で書いたときの「二十」をそのまま「二」と「十」に分けて，それを2色のシールで表したとも言える。これについて，みんなで話し合ってみる。

E　30個

「緑のシール1枚が10だから，2枚で20。だから，黄色のシールはいらないよ」

「緑のシール2枚で20。これに，黄色のシールを1枚足すと21。2枚足すと22。

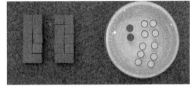

F　20個

その後も23，24，……って数えていくと30になってしまうよ」

　このような理由により，20を表すには，緑のシール2枚だけでよいということでみんなが納得した。

「にじゅう」を数字で書くと「20」となるが，十の位の「2」は緑のシールの数，一の位の「0」は黄色のシールの数と考えるとよいわけである。

　Gのシールも間違いである。

　Gの積み木の数は19個であるが，シールもそのまま19枚貼っている。

「十九」の「十」を緑のシールで，「九」を黄色のシールで表していると見ることもできる。Fの20個の間違いと似ているとも言える。

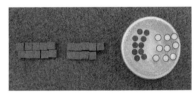

G　19個

　これについても，「緑のシール1枚が10だから，10が10個で100になる。だから，19ではなく109になってしまう」ということを確認した。

　今回の学習では，色の違いで十のまとまりとバラの数を表したが，十進位取り記数法は，位置の違いでそれを表している。また，「緑のシール1枚を10と見る」とか「26を緑2枚と黄色6枚で表す」というような見方や表現方法は，2年生以降の学習においても，計算について考える場面などで使えるものである。

9

３つの数の計算

京都教育大学附属桃山小学校　樋口万太郎

本時のねらい

　たし算ゲームの勝敗の様子を１つの式で表すことができ，計算をすることができる。10になるには何ポイント足りないかを考えることができる。

本時の問題

　じゃんけんをして，かつと□ポイント，まけると0ポイントゲットできます。10ポイントゲットするとクリアです。

どのような見方・考え方を引き出すか

　10はいくつといくつで構成されるのかという数の関係に着目して，既習のたし算やひき算を使い，３つの数の計算について考えられるようにすること。

どのように見方・考え方を引き出すか

　授業冒頭では，「勝つと３ポイント」というルールでゲームを行う。このルールでは10ポイントにならないということに気付く。そこで，10ポイントにならない理由を式や言葉などで交流したのちに，ルールをアレンジする。「じゃんけんを２回して，パーで勝つと６ポイント，グーで勝つと４ポイント，チョキで勝つと２ポイント」にルールをアレンジし，ゲームを行う。しかし，「パー・グー」で勝たない限りは10ポイントにはならないため，ルールへの不満が出てくる。そこで不満を交流していく中で，「10はいくつといくつ」「たし算」などの既習を想起していく。さらに，「じゃんけんを３回して，パーで勝つと６ポイント，グーで勝つと４ポイント，チョキで勝つと２ポイント」にルールをアレンジし，ゲームを行う。10ポイントにはどのような組み合わせでできるのかを明らかにしていく。

1. 「10ポイントにはならないよ！」

　本時は，繰り上がりのあるたし算の素地的な学習内容であり，単元の1時間目として扱った。

　最初にたし算ゲームをすることを子どもたちに伝えた。たし算ゲームとは，

> じゃんけんをして，かつと□ポイント，まけると0ポイントゲットできます。10ポイントゲットするとクリアです。

というルールのゲームである。しかし，このゲームは，本時においてルールが2回アレンジされる。そのため，上記の問題においてしっかりと子どもたちがルールを理解していないと1時間を通して，見方・考え方を働かせることなく，単なるゲームで終わってしまう。そこで，最初に「勝つと3ポイント，負けると0ポイント」「じゃんけんは何回行ってもよい」というルールでゲームを行い，ゲームのルールを確認する。

　このとき，子どもたちが「10ポイントにはならないよ」ということを言い出す。そこで，まずは，自分たちのポイントを発表させていき，
「6ポイントって，何回勝つことができたのか予想できるかな」
「ゲームを2回した様子を式にするとどのような式になるかな」
と全体に聞いていく。その上で，
「どうして10ポイントにならないのか」
ということを子どもたちに問いかける。子どもたちからは
「3回勝っても9にしかならない」「4回勝つと10を超えてしまう」
ということが出てくる。ここで3つの数の計算の式の書き方，意味について確認をしておき，次頁のように板書をしておく。このように板書をすることで，「かつ」と「3」が関連付いているということを子どもたちが実感できる。

```
かつ    かつ    かつ
 3  ＋  3  ＋  3    ＝9
```

さらに，10ポイントには何ポイント足りないのかを確認しておく。

2.「10ポイントになるパターンが決まっているよ」

　1.にて「このままでは10ポイント」を獲得することができないということを交流したのちに，ルールをアレンジすることを伝える。

> じゃんけんを2かいします。パーでかつと6ポイント，グーでかつと4ポイント，チョキでかつと2ポイント！

というルールで，さらにゲームを行う。今度は10ポイント獲得する子もおり，歓喜の声が聞こえてくる。そこで，
「10ポイントになった人たちは，どのように勝ったのか予想できるかな？」
と全体に問い，ノートに式で書かせる。そして，「6＋4」「4＋6」と2種類あることを確認する。さらに，
「どうして式が2種類もあるの」
と聞く。「1回目は〇〇で勝ち，2回目は〇〇で勝ち」という理由を引き出し，以下のように板書にまとめることで，式とその事象を関連付け，式を入れ替えただけということにも気付かせる。

```
パーでかち          グーでかち
  6       ＋       4       ＝  10
グーでかち          パーでかち
  4       ＋       6       ＝  10
```

　一方で，
「10ポイントならなかったから，このルールでは面白くない」
「10ポイントになるパターンが決まっている」

などと不満を言い始める子もいる。そこで，

「どうして，みんなはチョキを出さなかったのかな」

と問いかける。すると，子どもたちから

「チョキで勝って2点とったとしても，1回目，2回目のどちらかをパーで勝っても，8ポイントにしかならない」

「グーで勝ったとしても6ポイントにしかならない」

といったチョキを出さない理由を引き出すことができる。

また「10ポイントになるには，何ポイント足りないのか」を聞く。8ポイントの場合には2ポイント，6ポイントの場合は4ポイント足りないことを聞いた上で，

 どうして2ポイント足りないとわかるの？

 10－8＝2。

 10は6と4。4は2と2だから2が足りない。

という足りないポイントを求めるための方法を聞く。そうすることで，ひき算やいくつといくつの考えを想起させ，使わせる。さらに

「じゃあ，6＋2に2を加えると10になるんだね」

と言い，「6＋2＋2＝10」と板書し，3つの数でもこのように式が書けることを確認しておく。

その後，「ゲームを楽しむために，さらにルールをアレンジしよう」と伝え，どのようにルールをアレンジしたらいいのかを全体で話し合う。その際，「どうしてそのルールにしようと考えたのか」とその理由を聞くと，「10になるには，（　）と（　）と（　）だから〜」といったように数の構成に着目した理由を発表する。

3. 「10になる式はいくつある？」

　子どもたちのルールのアレンジを参考にしつつ，以下のようにルールをアレンジし，実際に行う。

> じゃんけんを3かいします。パーでかつと6ポイント，グーでかつと4
> ポイント，チョキでかつと2ポイント！

　活動後に，10ポイントになる式を考え，ノートに書かせる。ゲームを行っていることで，イメージがあるため立式しやすい。そして，その式を一度に言わせると，2.のときと同様に統一されることなく，バラバラになる。そこで，
「10になる式はいくつあると思う？　予想してごらん」
と言い，予想を聞く。いくつあるのかを予想した後は，どのような式ができるのかを考え，発表させていく。発表させていくときには，式を短冊に書き出し，子どもたちが発表した順に書き出しておく。式を書き出していくときに，1回目の数値（例えば1回目が6）を発表した後に，

 2回目，3回目を予想できるかな？

2と2，4と0，0と4。

 どうしてそうなると思うの？

だって，残りは4。4は2と2，4と0に
分けることができるから。

というように聞くことで，4の構成・分解について子どもたちは考え始める。
他の場合でも同様に聞いていく。

2回目，3回目は予想できるかな？

6に4を足したら10だから……。

4は0と4。

4は2と2。

　式が書かれた短冊を黒板に掲示していく中で，子どもたちは短冊を整理したいと思うようになる。

「どうして，○○さんは並び替えたいのか，気持ちがわかるかな」などと聞き，以下のように発問をして，短冊を整理していく。

どうしてこのように並び替えようと思ったの？

10は4と6で，6は2と4，4と2だから入れ替わっても大丈夫。

と理由を聞いていくことで，数に着目して最後まで考え続ける。

　授業の最後には，もう一度ゲームを行う。

　3つの数の計算を行うとき，子どもたちの中には「前から順に計算をして行かないといけない」と考えている子がいる。

　本時のように進めていくことで，前から順に数を計算しなくてもよいことに気付くこともできる。

10 ものの形（立体の仲間分け）

新潟県十日町市立田沢小学校　唐澤恵

◢ 本 時 の ね ら い

　身の回りにあるものを，形に着目して仲間分けする活動を通して，ものの形を認め，形の特徴を捉える。

◢ 本 時 の 問 題

　みのまわりにあるものを，おなじかたちのなかまに わけましょう。

◢ どのような見方・考え方を引き出すか

　ものの色や大きさ，位置や材質などを捨象し，形のみに着目して，身の回りの具体物の中から形を認め，形の特徴を捉えること。

◢ どのように見方・考え方を引き出すか

　まず，かたちあてクイズを行い，直方体，立方体，円柱，球，三角柱の5つの立体の特徴をおおまかに捉えることができるようにする。その後，身の回りにあるものを提示し，形に着目して仲間分けをする。見方・考え方を引き出すためには，提示するものを何にするか，それらをどのような順で提示するかが重要になってくる。

　本時では，**まず，子どもにとって身近なお菓子の箱，ボール，トイレットペーパーの順で提示していく**。子どもにとって，お菓子の箱は直方体の仲間として，ボールは球の仲間として，トイレットペーパーは円柱の仲間としてそれぞれ認識しやすいからである。**その後，子どもにとって判断に迷うものを提示する**。例えば，平べったい円柱や細長い円柱など，辺の長さが極端に短かったり長かったりするものを提示するのである。ここで子どもの意見が分かれるはずである。このとき，子どもがそれぞれの共通点や相違点を探し

出す姿の中に，形のみに着目してものを見る見方・考え方が発揮される。

■ 本時の流れ

1. 「形あてクイズをしよう」

まず，5種類の立体模型を使って，かたちあてクイズを行った。5つの立体の中から1つを箱の中に隠し，手で触った感触からどの立体なのかを当てるゲームである。使った立体模型は，円柱（あ），直方体（い），立方体（う），球（え），三角柱（お）である。同時に，黒板には，5種類の立体模型の写真も提示した。形あてクイズを通して，子どもは5種類の立体の特徴をある程度つかむことができた。以下は，クイズの中で子どもが発した言葉をまとめたものである。子どもが発した言葉は，そのまま黒板に書き留めるようにした。

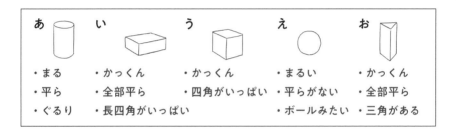

2. 「これは，どの形の仲間に入るかな？」

次に，身の回りのいろいろな立体が，5種類の形のどの仲間に入るか尋ねた。子どもは，お菓子の箱は「い」の仲間，ボールは「え」の仲間，カレールーの箱は「い」の仲間，トイレットペーパーは「あ」の仲間といったように，全員一致で仲間分けを行った。このように，始めは，全員が納得して仲間分けができるものを提示することが大切である。ここまでで，子どもは，色や中身ではなく，形に着目して仲間分けをするという仲間分けの視点をもつことができた。

この次の段階で提示するものは，子どもにとって判断に迷うものである。本

時では，まず，クッキーの箱（平べったい円柱）を提示した。予想通り，子どもの意見が2つに分かれた。

クッキーの箱

クッキーの箱は、どの形の仲間に入るかな？

「あ」の仲間だよ。だって上と下に丸があるよ。

でも、「あ」みたいに長くないよ。平べったいから「い」の仲間に見えるよ。

　驚いたことに，「あ」（円柱）の仲間だと考えた子は少数で，大多数が「あ」の仲間ではなく，「い」（直方体）の仲間だと考えた。「あ」の仲間だと考えた子どもは，「CDみたいに高く積んでいくと長くなるよ」と付け加えた。すると，「い」の仲間だと考えた子どもは，「『あ』を半分に切ってくれれば，『い』の仲間っぽくなるんだけど」と答え，やはり「あ」の仲間にすることには納得いかない様子であった。なかなか全員が納得する意見も出なかった。このようなとき，無理に教師が説明をしてまとめてはいけないと考えている。それでは子どもの見方・考え方は育たないからだ。ここでは，いったん保留にして，次の箱を提示した。

　次は，細長い「グミチョコ」の箱を提示した。再び，子どもの意見は2つに分かれた。今度は，「あ」（円柱）の仲間に入ると考えた子どもが大多数であった。「また，上と下に丸があるよ」という声があがった。ところが，少数の子は「でも，細すぎるよ。『あ』の仲間には見えないなあ」と首を傾げていた。これも，全員が納得する仲間分けができなかった。そこで，またまた

グミチョコ

保留となった。

　続いて提示したものは，小さな「さいころ」である。ここから授業が大きく動き出した。さいころは，立体模型と比べるとかなり小さい。そのさいころを見て，全員が迷わず，「う」（立方体）の仲間だと答えた。そこで，次のように問いかけ，子どもたちを揺さぶってみた。

 こんなに小さいのに、「う」の仲間と言ってもいいの？

 いいんだよ。だって、四角が一緒だよ。

 そうそう、サイズは違うけど、形は同じだもん。

　この「サイズは違うけど，形は同じ」という発言は，子どもが，ものの大きさを捨象し，形に着目してものを見ようとする，本時で引き出したかった見方・考え方にかかわる表現である。この言葉を黒板に書き留めていると，予想通り，数人の子どもがはっとしたように気付き出した。「サイズが違っても仲間なら，グミチョコもクッキーも『あ』の仲間だよ」というのである。興奮気味に話すこの発言を聞いて，他の多くの子どもも気付き始めた。

　そこで，「みんなが言っているサイズって何のこと？」と問いかけた。子どもは，「大きさのこと」「長さのこと」「背の高さ」「太さもサイズだよ」と答えた。この言葉も黒板に書き留めた。「だから，クッキーの箱が太いとか，グミチョコが長いとかは関係がないよ」と言うのである。さらに，「よく見てよ。上と下にある丸のサイズは違うけど，丸の形は一緒でしょ」「グルリとなっているところ（円柱の側面）も長さは違うけど，ころころ転がるのは一緒」という気付きも出された。これは，ものの形を捉えるときに，サイズ（大きさ）は捨象してよいことを，1年生の子どもなりに表現している姿である。

さいころは，こんなに小さいのに，「う」の仲間と言っていいの？

いいんだよ。サイズは違うけど形は同じだよ。

ということは，グミチョコもクッキーも「あ」の仲間ということだ！

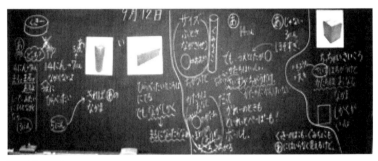
実際の板書

3.「5つの形の仲間に名前をつけよう」

　ここで，5種類の形の仲間にネーミングする活動を取り入れた。子どもは，円柱には「まるぼう」「ころころぼう」，直方体には「ながしかくはこ」「ほそながはこ」，立方体には「しかくはこ」「さいころばこ」，球には「ボール」「まんまる」，三角柱には「さんかくぼう」「さんかくやね」といった名前を付けた。この名前は，一人ひとりの子どもが付けたそのままの言葉で表現させることを大切にした。

　どのような名前を付けたかを発表し合い，友だちの意見を聞いて，自分が付けた名前を修正する子どももいた。しかし，最終的には，学級全体で1つの名前に決めず，一人ひとりが自分がぴったりだと思う名前を付けさせた。な

ぜなら，その名前には，その子ども自身の，このときの形の見方が反映されているからである。

4.「身の回りにあるものから，仲間を探そう」

　教師が提示したものを仲間分けする活動だけで終わりにするのはもったいない。本時の活動を通して，子どもは，身の回りの具体物の中から形を認め，その形の特徴を捉え始めた。

　一人ひとりの目には，何気なく見ていた日常の景色の中に，色や大きさ，位置や材質などに関係なく，さまざまな形がくっきりと見え始めているはずである。これは，見ていた世界の見え方が大きく変化したと言ってもいいかもしれない。

　そこで，子どもたち自身が，身の回りの具体物から直方体の仲間，立方体の仲間，円柱の仲間，球の仲間，三角柱の仲間，それ以外の仲間である形を見つけ出す活動を設定した。教室の中だけでなく，登下校で見える景色や自分の家の中など，いろいろな場所で調べさせた。

　子どもは，鉛筆や消しゴム，給食の牛乳パックのような小さいものの形や，電車やショッピングモール，電信柱のような大きいものの形が存在することに気付いていった。そして，鉛筆と電信柱は「あ」（円柱）の仲間，消しゴムと電車は「い」（直方体）の仲間というように，ものの大小に関係なく，同じ形の仲間として見ることができるようになった。

繰り上がりのあるたし算

盛岡市教育委員会　渡邉剛

■ **本 時 の ね ら い**

　日常生活の場面における問題解決を通して，被加数を分解して計算する方法があることを知り，繰り上がりのあるたし算の計算の仕方についての理解を深めるとともに，加数分解との共通点に気付くことができる。

■ **本 時 の 問 題**

　たまごがパックに３こあります。べつのパックに９こあります。たまごは，あわせてなんこですか。

■ **ど の よ う な 見 方・考 え 方 を 引 き 出 す か**

(1) 3＋9のときは，3から1あげた方が「10のまとまり」を簡単につくれること。

(2) 被加数分解でも加数分解でも，どちらも「10のまとまり」をつくって，「10といくつ」と考えていること。

■ **ど の よ う に 見 方・考 え 方 を 引 き 出 す か**

　一般的に，本単元は，加数分解について理解することから学習が進む。本時も，はじめに「4＋9」の式のみを提示し，まずは，前時までと同様に，加数分解で和が13であることを求める。

　その後，「3＋9」になる問題文を提示し，たまごパックという日常生活の場面で考えさせる。すると，子どもたちから，7個のたまごを移動させて考えるよりも，1個だけ移動させた方がよいという考えが出てくることが想定される。そこで，被加数分解の方法について考えていく。

　授業後半において，被加数分解と加数分解の計算の過程を比較させることで，どちらも「10のまとまり」を使って考えていることに気付かせる。「10

のまとまり」を使うことで，どちらの方法でも「10といくつ」と表すことができるという「見方・考え方」を価値付ける。あくまでも，どちらの方法がよいかを判断させることを目的とはしない。

　なお，ブロック操作や言葉，式，図等を関連付ける際に，3口の加法の式に表すことで，式表現でも「10のまとまり」をより意識させたい。

■ 本時の流れ

1. 「ブロックを動かしてみてどうでしたか？」

　黒板に「4＋9」と式を書き，「これまでと同じように，4＋9の計算もできるかな？」と投げかけた。子どもたちは，これまで5時間の加数分解の学習経験を活かし，得意になって言葉で説明しながらブロックを操作する。

　「どうやって考えたの？」と問い，「①4はあと6で10，②9を6と3に分ける，③4に6を足して10，④10と3で13」と全体で確認した。さくらんぼの図も確認し，計算手順とあわせて板書に残した。

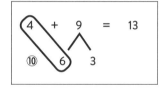

　その後，次のような問題を提示し，模型も黒板に貼った。

　　たまごがパックに3こあります。べつのパックに9こあります。
　　たまごは，あわせてなんこですか。

　子どもたちは，問題を見て，「簡単，簡単」と口々に声をあげて反応する。実際に模型を使って，代表児童に操作をさせてみることにした。ここでポイントとなるのは，たまごを扱っているということである。経験上，この場面で，ほとんどの子どもたちは，（壊れやすいイメージのたまごの効果か）7つ

ではなく，1つだけ動かして「10のまとまり」をつくろうとする。このことによって，加数分解による解決方法との違いに着目するという自然な流れで問いを発生させ，被加数分解を考えさせるきっかけづくりとすることができる。

　想定どおり，代表児童は3個入っているパックの方から，1個だけを9個のパックに移動させ，「12個です」と答えた。それを見ていた子どもたちから，「えっ?」とか「うーん」という反応があった。「どうしたの?」と問うと，「9個のパックから動かさないで，3個のパックから動かしていた」という発言があった。ここで，「〇〇さんが，どうして3個入ったパックの方から動かしたのか，気持ちがわかる?」と聞いてみたところ，「たまごをたくさん動かしたら，割れてしまうかもしれないから」「7個のたまごを動かすより，1個だけ動かした方が簡単」と話す子どもたちがいた。それを受けて，全体へ「今の〇〇さんの動かし方は，だめなのかな?」と聞いたところ，「これまでのブロックの操作とは，違う動かし方をしているけど，だめではない」という反応だった。そのことを共有した上で，「では，今日は，3＋9の今までと違う計算の仕方を考えていこう」と確認した。

「みんなも，〇〇さんと同じ動かし方をブロックでやってみよう」と指示をした。子どもたちは，手元のブロックを操作して，これまでと違った方法に挑戦した。子どもたちは，思い思いにつぶやきながらブロック操作をしていた。そして，次のように聞いた。

見方・考え方を働かせている場面①

 ブロックを動かしてみてどうでしたか?

1個だけ動かすだけだから簡単だった。

9個に1個あげるだけで，あっという間に10の
まとまりがつくれて楽。

これまでのブロックの動かし方とどこが違うのかな？

今までは，後ろの数を分けていたけど，前の数を分けている。

　これらを全体に返し，「3＋9のときは，3から1あげた方が『10のまとま
り』を簡単につくれる」「前の3を分けてもよい」という「見方・考え方」を
共有し，価値付けるようにした。

　さらに「今のブロックの動かし方を言葉で説明してみよう」と投げかけ，子
どもたちと「①9はあと1で10，②3を2と
1に分ける，③9に1を足して10，④10と2
で12」と説明できることを確かめた。

2.「さくらんぼの図にかけるかな？」

「前の数を分ける方法も，さくらんぼの図にかけるかな？」と発問し，ノー
トにかかせた。悩んでいる様子の子どもも見受けられたが，多くの子がさく
らんぼの図に表すことができた。

　どうして3を2と1に分けたのかについて
も改めて触れ，10の補数を意識して，「10のま
とまり」をつくるためであることについて確
認した。

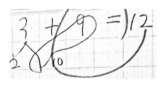

3.「3つの数の式に表そう」

　本単元では，既習の「3つのかずのけいさん」と関連付けながら，学習を
進めてきた。そこで，「3つの数の式に表そう」と投げかけて，さくらんぼの

図の下に式を書く場を設けた。これまでの学習を踏まえて，子どもたちは思いの外，抵抗なく式に表すことができた。上記のように，

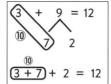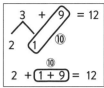

加数分解，被加数分解を比較しやすいように，それぞれの方法のところに，3口の加法の式を書き，「10のまとまり」を意識できるように板書した。

4. 「同じに見えるところもあるかな？」

　加数分解と被加数分解の共通点や相違点を考えさせるために，「まず，昨日までのやり方とどこが違ったかな？」と聞いた。子どもたちからは，「前の数を分けても計算できた」「初めて，後ろの方に『10のまとまり』をつくった」という考えが出された。さらに，次のように聞いた。

見方・考え方を働かせている場面②

 同じに見えるところもあるかな？

前でも，後ろでも，「10のまとまり」をつくっているところ。

 ブロックにも，言葉にも，さくらんぼの図にも，3つの数の式にも「10のまとまり」がある？

全部に「10のまとまり」がある。

 どちらの考えも，「10のまとまり」をつくって，「10といくつ」と考えていることが同じだね。

　発問が曖昧だったため，子どもたちはしばらく悩んでいたが，だんだん「10のまとまり」に気付いていった。

こうして，子どもたちと，加数分解及び被加数分解，それぞれのブロック操作，言葉，さくらんぼの図，3口の加法の式で確かめながら，「10のまとまり」を使うことで，どちらの方法でも「10といくつ」と表すことができるという「見方・考え方」を価値付けた。

　「2つの方法に名前を付けてみよう」と話すと，いろいろな意見が出されたが，最終的に「前分け10作戦」と「後ろ分け10作戦」と呼ぶことになった。

5. 「4を2と2に分けてはだめなの？」

　「前分け10作戦は，3＋9のときだけ使えるんだよね？」と問いかけると，子どもたちは，「他だってできるはず」と返してきた。そこで，「最初の問題でもできるかな？」と言って，4＋9の計算を振り返る場面を設定した。ほとんどの子が，ノートにさくらんぼの図をかいて，解決することができていた。3口の式も書いていた子を取り上げ，発表させ，「3＋1＋9＝13」と板書した。その式を見ながら，「3と1ってどこから来たの？」と問いかけたところ，「前の数の4を3と1に分けた」という意見が出され，周りの子たちも納得していた。

　ダメ押しの発問として「4を2と2に分けてはだめなの？」と聞いた。教室中から，「だって！」という声があがった。それでもとぼけて，「2＋2＋9でもいいでしょ？」と尋ねた。今度は，教室中から「だめ！」という声が挙がった。隣同士で話し合う時間を短時間だが設定し，言いたいことを整理させた。その後，理由を聞いてみると，「先生のやり方では，『10のまとまり』ができないからだめ」と答えた。別の子は，「真ん中の2を，また1と1に分けないと『10のまとまり』がつくれないから大変」と発表した。「なるほど！『10のまとまり』を使って計算するといいんだね」と話をまとめ，「10のまとまり」をつくって計算するという「見方・考え方」をさらに価値付けた。

　次時以降では，加数と被加数の大きさに着目して，自分で判断しながら，加数分解と被加数分解を使い分けられるとよいことを気付かせる。そして，「10のまとまり」をつくりやすい方につくることについての習熟を図る。

12 繰り下がりのあるひき算

■ 本時のねらい

　繰り下がりのあるひき算を，今までの計算を使ってさまざまな方法で考え，それぞれの方法の違いを見いだし，表現することができる。

■ 本時の問題

　どんぐりが16こあります。こまをつくるのに7こつかいました。
　のこりのどんぐりは、なんこでしょうか。

■ どのような見方・考え方を引き出すか

(1) 繰り下がりのあるひき算において，既習の計算との違いに気付き，今までの計算を使ってさまざまな方法で考えること。

(2) それぞれの方法を振り返り，その違いを考え，表現すること。

■ どのように見方・考え方を引き出すか

　(1)については，まずカードで9－6，10－7，18－6などの計算練習をする。繰り下がりのあるひき算になったときに，既習の計算との違いに気付かせ，また，その既習を使って計算の仕方を考えさせるためである。その後，16と7という数値を提示する。この数値だと減数が大きく，さらに，6と7の数が近いので，16や7の数の見方を変えることで，さまざまな方法が考えられる。子どもたちからは，「難しい」「一の位が引けない」という声が上がる。そこで「一の位が引けないから計算できないね」とあえて教師が言うことによって，「今までの計算を使えばできそう」という声を引き出す。

　(2)については，まず子どもの説明を○とさくらんぼの図に表させる。子どもたちは，自然とさくらんぼに名前を付けていたので，それ自体が方法の違

いを表現していることになったが，さらに，それぞれの方法に「たしひき算」などの名前を付けさせることによって，違いをより明確にする。

■ 本時の流れ

1. 「一の位が引けないから計算できないね」

まず既習の計算練習をした。

9 − 6		8 − 5		7 − 6		10 − 1		10 − 6		10 − 7

これらの計算は，子どもたちは，もう得意になっているので，「簡単，簡単」と元気よく手が挙がる。そして，次の段階のカードを出す。

18 − 6

一瞬，子どもたちの手が止まる。しかし，「あ〜」と言いながら，また手が挙がり出す。この計算を忘れてしまっている子どももいると感じたので，「今，ちょっと困った人がいたね。どうして困ったの？」と聞いてみる。「数が大きいからちょっと困った」「でも，できる」「どのように計算すればいいの？」と聞くと，「10をおいて，8から6を引けばいい」との声。他の子どもたちも思い出したようだったので，もう少しこの種類の計算練習をし，確認をした。

17 − 3		16 − 4		15 − 3		14 − 2		13 − 2

その後，次のような問題を提示した。

> どんぐりが16こあります。こまをつくるのに7こつかいました。
> のこりのどんぐりは，なんこでしょうか。

子どもたちは，式を立てた後，「難しい」と言った。そこで，次のように聞いた。
「どうして難しいと思ったの？」
「だって，数が大きい」

ここでも「数が大きい」という声が返ってきた。そこで，子どもたちが「難しい」と感じていることを詳しく引き出すために，もう少し聞いてみる。「どこの数が大きいから難しいの？」

　ある子どもが「16」と答えた。そこで，次のように問いかけた。

さっき練習した18－6も18だから数が大きいよね。
でも、計算できたね。

どういうこと？

一の位が引けない。

さっきは、8－6が引けたけど、6－7はできない。

一の位が引けないから計算できないね。

できるよ。今までの計算を使えばいいよ。

6が7になったら引ける。

10から7は引ける。

他の方法でもできそう。

　ここでようやく既習事項との確認ができた。1年生の子どもたちなので，すぐには的を射て話すことはできないこともある。そのときは，子どもと対話しながら，子どもの思考に合わせて，授業を進めていきたいものである。

　さらに，教師が「一の位が引けないから計算できないね」と言い切ることで，子どもは，「できるよ」とむきになって応える。この言葉で，子どもたちの「何とか答えを出そう」という気持ちを引き出す。そして，今までの計算を使えばよいことに気付かせていく。

2. 「今までの計算を使って考えてみよう」

　この段階では，まだどのように考えたらよいかわからない子どもはいる。そこで，全員10のまとまりと6のブロックを机の上に出させて考えさせた。

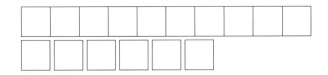

　「どうやって考えたらいいかな。ブロックを動かして考えてみよう」

　それぞれ自分の方法でブロックを動かして考える。子どもたちは，16から7を引くために，16の10から1を取って7をつくったり，7を6と1に分けて6を先に引いたり，10から7を引いたり，16や7という数を，いろいろな見方をして，今までの計算を使って解決していった。

　自分なりの方法で解決できた後，その方法を言葉で説明してもらった。ある子どもは，次のように言った。

　　10から6に1をあげて7にする。7をぜんぶとる。
　　10から1こなくなったので，こたえは9。

　1年生であっても子どもの言葉は大切にしていきたいので，これをこのまま板書する。そうすることによって，周りの子どもたちにもより理解させることができるし，1年生なりに正しい文章かどうか考えさせることができる。

3. 「〇の図とさくらんぼの図に表してみよう」

　次に，この考えを〇の図に表してみる。

　その後，「これを『さくらんぼ』にするとどうなるかな?」と，途中までかき，続きを子どもにかいてもらった。すべてを教師がかいてしまっては，子どもの数学的な見方・考え方は育たない。まず

は，途中までかいて続きをかかせることで，だんだんと自分たちでかけるようになってくるのである。

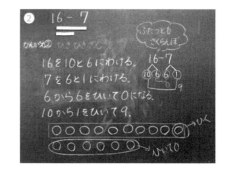

　すると，子どもたちから次のような声が上がった。「さらにさくらんぼだ！」

　繰り上がりのあるたし算でさくらんぼの考えを使っていたが，さくらんぼが2段階になったので，このように表現したのだろう。これも既習事項との違いがよく表れている表現である。

　次に出された考えは，次のようなものだった。

　16を10と6に分ける。7を6と1に分ける。
　6から6を引いて0になる。10から1を引いて9。

　これは，少しやり方が違うように感じられるが，「7から6を引いて1。10から1を引いて9」といういわゆる減々法と同じ方法である。

　この考えも同じように，図と『さくらんぼ』で確認した。
「2つともさくらんぼだね！」

4. 「それぞれの方法はどこが違うのかな」

　子どもたちは，さくらんぼの形を言葉で表現することによって，すでに1つ目の方法との違いを考えていた。ここで，もう少し2つの方法の違いを確認する。

2つの方法はどう違うの？

1つ目は，10から1を6に足して7にしてから7を引いた。

2つ目は，6を先に引いて，残りの1を10から引いた。

2つの方法に名前を付けるとどうなるかな。

1つ目は，足してから引いているからたしひき算。

2つ目は，引いてからまた引いているからひきひき算。

　次に出された3つ目の方法は，右のような減加法だった。これも同じように，図と「さくらんぼ」で確認し，子どもたちは，「ひきたし算」と名前を付けた。

　子どもたちは，それぞれの方法に上手に名前を付けていた。このように，それぞれの方法を振り返り，比較をしながら名前を付けさせることによって，その違いがより明確になっていく。

　子どもたちは，「『たしひき算』は難しくなる」と答えた。その理由を聞くと，「引く数が大きいから」「3と9は数が遠いから。16－7の6と7は，数が近い」と，被減数と減数に着目して，1年生なりに，式の特徴をつかんだ発言をしていた。

　必ずしもその方法でなくてはいけないということではないが，他の式になったときに，初めの方法が使えるか，振り返らせることも大切な数学的な見方・考え方となっていくだろう。

大きい数

岩手県盛岡市立仁王小学校　横沢大

■　本 時 の ね ら い

　100までの数表から，数の並びの連続性や規則性に
気付き，十進位取り記数法についての理解を深める。

0	1	2	3	4	5	6	7	8	9
10	11	12		14	15	16	17	18	19
20	21	22	23	24	25	26	27	28	29
30	31	32	33	34	35	36	37	38	39
40	41	42	43	44	45	46	47	48	49
50	51	52	53	54	55	56	57	58	59
60	61	62	63	64	65	66	67	68	69
70	71	72	73	74	75	76	77	78	79
80	81	82	83	84	85	86	87	88	89
90	91	92	93	94	95	96	97	98	99
100									

■　本 時 の 問 題

　かくれているかずは，いくつですか。

■　ど の よ う な 見 方・考 え 方 を 引 き 出 す か

　一の位も十の位も，1，2，3，4……と増えること。表を縦に見ると10
ずつ増えているなど，数の系統性や規則性に目を向けながら考えること。

■　ど の よ う に 見 方・考 え 方 を 引 き 出 す か

　本単元は，十進位取り記数法の原理の基礎的な理解を図ることが重要とな
る。本時は，その理解をより確かなものとするために，数表を用いる。

　数表の一部を隠し，「隠れている数は，いくつですか」と問う。答えが13
であることはすぐわかる。ここで，「その欄が13だとどうしてわかったのか
な」と問い返し，その理由を聞いてみる。すると，「12と14の間だから」，「表
を縦に見ると，一の位が3で……」と答えることが予想される。このような
やりとりの中で，「表を縦に見たんだね」などと子どもたちがしようとしたこ
とを認めていくことで，一の位が同じで10ずつ増えているといった，数の表
し方のしくみやきまりについての「見方・考え方」を引き出すようにする。

　授業の中盤からは，数表を縦・横・ななめの列で隠すことで，より数の系
列性や規則性に目を向けながら考えることができるようにしていく。易から
難に学習が進むようにすることで，見通しをもち筋道を立てて考えながら，き

まりを発見したり確かめたりすることができるようにしていく。

本 時 の 流 れ

1. 「隠れているのに，どうしてわかるの？」

黒板に数表を貼り，「隠れた数は，いくつですか」と板書する。そして，
「先生が，表のどこかの数字を隠すので，隠れた数を当ててください」と伝えた。子どもたちに目を閉じるように伝え，13を隠した。目を開けるとすぐに，「簡単。隠れた数は13です」と子どもたち。そこで，次のように聞いてみた。

0	1	2	3	4	5	6	7	8	9
10	11	12	■	14	15	16	17	18	19
20	21	22	23	24	25	26	27	28	29
30	31	32	33	34	35	36	37	38	39
40	41	42	43	44	45	46	47	48	49
50	51	52	53	54	55	56	57	58	59
60	61	62	63	64	65	66	67	68	69
70	71	72	73	74	75	76	77	78	79
80	81	82	83	84	85	86	87	88	89
90	91	92	93	94	95	96	97	98	99
100									

「隠れているのに，どうして数がわかるのかな」
「だって，12と14の間にあるから，13です」

子どもたちは口々に答えていく。このように，最初はクラスの全員が答えられるような問題から始めた。易から難に学習が進むように，最初は1つの数字から始め，徐々に列を隠していくようにしたのである。隠した数を求める際には，そこに何らかの思考が働く。このようにすると，どのように隠れた数を求めたのか，1年生なりの根拠を引き出すことができるであろう。そして，クイズのような雰囲気をつくることで，考えの根拠を自分の言葉で話すことに抵抗のないようにしていく。

次に，「これはどうかな」と言いながら，右のように縦の一列を隠す。一瞬子どもたちは「えっ」と止まるが，「ああ〜」と言いながら，「わかるよ」と言い始めた。ここで，「隠れている数をノートに書いてみよう」と伝え，ノートに隠れた数

0	1	2	■	4	5	6	7	8	9
10	11	12	■	14	15	16	17	18	19
20	21	22	■	24	25	26	27	28	29
30	31	32	■	34	35	36	37	38	39
40	41	42	■	44	45	46	47	48	49
50	51	52	■	54	55	56	57	58	59
60	61	62	■	64	65	66	67	68	69
70	71	72	■	74	75	76	77	78	79
80	81	82	■	84	85	86	87	88	89
90	91	92	■	94	95	96	97	98	99
100									

② ③
3   6
13   16
23   26
33   36
43   46
53   56
63   66
73   76
83   86

を書かせていった。このとき，子どもたちには，数表の並びと同じように縦に並べて数を書かせていくようにした。

隠れた数を発表させていくと，「3，13，23……93」と話す。

隠れているのに，どうして数がわかったのですか。

だって，さっきは13が隠れていたから，
一の位は3でしょ。一の位は全部3になるはずだよ。

縦に13, 23, 33……って10ずつ増えているよ。

　隠れた数をどのようにして見つけたのか子どもたちに話させることで，一の位の数が全部3であることや，十の位の数が1，2，3……と続くこと，10ずつ増えていることを全体に広げていくようにした。13のときの見つけ方をきっかけとして，問題を徐々に発展させていくが，ここで教師が，「一の位の数は同じだね」などと，強引にまとめていくことは避けたい。「いいところに目をつけたね」「表を縦に見たんだね」などと子どもの数学的な見方を認めていくようにし，自分の力で見つけることができたということを実感させたい。「3が並んでいておもしろいな」「そういう見つけ方もあるのか」「10ずつ増えているのは気付かなかった」と子どもに感じさせ，数表を観察させる視点をもたせることが後半の展開に生きてくる。

2. 「同じようにできるってどういうことかな？」

　「問題をちょっと難しくするよ。できるかな」と投げかけ，6の列を隠して提示し，隠れた数をノートに書かせていく。実態に応じて，説明を書かせてもよい。

　机間指導で子どものノートを見ていくと，一の位の6から先に書いたり，十の位の1，2，3から書いたりする子どももいる。このような姿も，位の規則性に目をつけて，子どもたち

0	1	2	3	4	5		7	8	9
10	11	12	13	14	15		17	18	19
20	21	22	23	24	25		27	28	29
30	31	32	33	34	35		37	38	39
40	41	42	43	44	45		47	48	49
50	51	52	53	54	55		57	58	59
60	61	62	63	64	65		67	68	69
70	71	72	73	74	75		77	78	79
80	81	82	83	84	85		87	88	89
90	91	92	93	94	95		97	98	99
100									

が見方・考え方を働かせている場面である。大いに価値付けていきたい。さっきは自分の力で書くことが難しかった子どもも，一の位が3の列の場合の考え方を経験しているので，自分の力でできる子どもが増えている様子が見られる。隠した数を発表させていくと，6，16，26……96であることがわかる。

「一の位の数字は6です」「6，16，26と，10ずつ増えています」と子どもたちは話していく。

隠れた数をどのように見つけたのですか。

一の位は6で同じ。十の位は10ずつ増えている。

一の位が3の列を隠したときと，同じようにできる。

どんなところが同じなのですか。

このように，子どもたちとのやり取りの中で，「同じようにできる」という言葉を引き出すようにしたい。この言葉は，子どもたちが数の規則性に気付き，見方・考え方を働かせている姿であるからである。「『同じようにできる』って，どういうことかな」と問い返し，子どもたちが見つけたきまりを共有していく。

これが十進位取り記数法の原理の理解につながる。場合によっては，もう一列隠したり，「ちょっと難しいけどできるかな」と教師から仕掛けたりすることも考えられる。意図的にむきにさせることで，子どもたちは張り切って話し出す。「これも同じようにできる」「さっきのきまりが使えそうだ」というように，類推して考える経験を重ねることで，論理的に考える入口としたい。

3. 「ななめの数を隠したら，どんなきまりが見つかるかな？」

　さらに，斜めの列で隠して提示した。11，22，33……と隠れた数を発表していくと，子どもたちは，「一の位と十の位の数が同じ」と面白がる。「どういうことかな」と問い返すと，「一の位も十の位も1，2，3，4……って上がっている」と話したり，「11ずつ増えている」と気付いたりする子どももいる。ここで，子どもたちが数表から見つけたきまりを板書しながら確かめていく。

　1年生の子どもたちの発達段階を考えると，1人のできる子の考えに引きずられたり，自分と友だちとの考えの異同が曖昧なまま，「わかったつもり」で授業が進んでしまったりすることがある。隠れた数は何なのか，自分で考える→友だちの考えを取り入れる→次の問題に挑戦する，という活動を繰り返し設定することで，子どもたちが自分の考えをもとに友だちの考えとかかわり，知的に揺さぶられることになる。このような活動を繰り返しながら学習を進めていくことで，子どもたちは，より数の系列性や規則性に目を向けながら考えていくことができる。

4. 「どのきまりを使って考えたのかな？」

　授業の後半では，数表の一部を抜き出した問題を提示する。数表と重ねられない場面でも，十進位取り記数法の原理を用いれば目的の数は求められるのだということに気付かせたい。

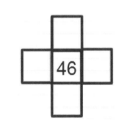

「縦は，10ずつ増えているから，36，46，56です」
「横は，1ずつ増えているから，45，46，47です」

　答えを確かめていく中で，「どのきまりを使って考えたのですか」と問い返す。横の列は1ずつ増える，縦は10ずつ増えるという，全体で共有した考え

を自分のものにして考える活動を保障することで，全員が本時のねらいに迫ることができるようにすることが大切であると考える。

また，次のような誤答を示し，なぜ間違っているのか説明させる活動も考えられる。

だいさんは，かくれたかずをつぎのように
かんがえました。
このかんがえは，あっていますか。

この問題を出すと，子どもたちは，
「縦の列は一の位が3のはずなのに，4となっているのでおかしい」「もし14なら1ずつ増えているので，横の列に並ぶはずだ」「縦の列は10ずつ増えるはずだけど，1ずつしか増えていないので間違っている」
と話し出した。1年生の子どもたちでも，根

拠となるきまりをもとに説明することができるのである。また，正しい理由よりも，間違っている理由を話す方が，子どもたちにとっては説明のハードルが低くなり，説明しやすくなる。子どもたちの実態に応じて，明らかになったきまりをもとにして問題を解き，どのきまりをもとに考えたのか表現させることで，確実な定着を図りたい。

数学的な見方・考え方は，子どもたちの既有経験や学習経験等に基づいて，潜在的な形で子どもたちの中にあるものだと考える。働かせている見方・考え方を自覚化させ，文脈の中でその価値を再認識し，使っていくことができるように学びを展開することが，子どもたちの中に生きて働く資質・能力になると考える。

時計－何時何分－

国立学園小学校　江橋直治

本時のねらい

日常の生活場面に即して，何時何分を読むことができる。

本時の問題

日よう日に，先生は，いえのちかくにある こうえんにいきました。
こうえんに ついたのは，なんじ なんぷん でしょうか。

どのような見方・考え方を引き出すか

9時10分は，長い針が文字盤の数字の2を指しているので，9時2分と間違って読んでしまうことがある。"5や10をひとかたまりと見て数える"という既習を生かし，文字盤の2は"5分が2つ"を表しているということに気付くこと（このような見方・考え方は，後の2年生のかけ算の学習にもつながっていく）。

どのように見方・考え方を引き出すか

あえて時計の絵を見せず，教師と子どものやりとりから，短針と長針の位置を推測させる場面をつくる。はじめに，短針の位置を特定させるために，「家を出発したのは9時ちょうど」「歩きで」という情報を与える。子どもたちは"近所の公園だったら，徒歩で1時間もかからないはず""公園に着いたのは9時ちょっとすぎ"と推測することができるだろう。

次に，「長い針は2を指していた」という情報を与え，公園に着いた時刻を模型の時計で表現させてみる。教師の言葉の「2」のとらえ方によって，上

の絵のような2通りの表し方が出てくることが予想される。長針の位置の違いに子どもたちの視線が集まるはずだ。2つの時計を見比べながら、長針の針の読み方と文字盤の数字との関連に迫っていく。

◢ 本時の流れ

1. 情報収集の促し「先生に聞きたいことはありますか?」

最初に、以下の問題を板書した。

> 日よう日に、先生は、いえのちかくにある こうえんに いきました。
> こうえんに ついたのは、なんじ なんぷん でしょうか。

問題文には時刻を特定できるような数値は一切書かれていない。また、黒板に時計の絵が貼られているわけでもない。条件不足の問題に、子どもたちは戸惑いを見せている。最初から時計の絵を提示して問いかける授業をよく見るが、時計の読みが得意な子が大きな声で答えを言ってしまい、周囲の子たちはただ聞いているだけの状態になることが多い。それでは何の思考も生まれない。あえて時計の絵を見せず、教師と子どものやりとりから、短針と長針の位置を推測させる場面をつくりたいと考えた。

「これじゃわからない」

「お昼よりも前なのか、夕方なのかもわかりません。ヒントがほしいです」

「ぼくがよく行く公園だったら、すべり台の近くに時計があるからわかるけど、その公園には時計はないのですか? あるなら見せてほしいです」

つぶやきとも、ぼやきともつかない声があちこちから聞こえてくる。予想通りの反応だ。そこで、「さすがにこれではわからないですよね」と謝りつつ、次のような発問を付け足した。

「ヒントが欲しいなら、先生に質問してみてください。問題を解くために、聞いておきたいことや知りたいことは何かありますか? 何を質問しようか、友だちと相談して考えてもいいですよ」

条件不足の問題を出題するときは，いつもこのような発問をするようにしている。当然，問題解決に関係ない質問や突拍子もない質問が飛び出してくることもあるが，普段からこのようなやりとりをしていると，問題を解くためのヒントとなりそうな質問が，子どもの方から徐々に出てくるようになる。数学的な見方・考え方を育てる上での基盤になると考える。

「公園には誰と行きましたか？」「公園に行った理由は何ですか？」「先生が家を出たのは何時何分でしたか？」「公園まで歩いて行きましたか？」「家の近くってことは，歩いても疲れないくらいですか？」

　上記のような質問が出たら，それに対する答えもあわせて板書に残し，問題解決の足がかりになるようにしたい。もしもこのような質問が子どもから出なかった場合は，考えるためのヒントとして，いくつかの情報を教師の方から提示するとよい。

では、皆さんの質問に答えます。3歳の娘と一緒に公園に行って、すべり台・ブランコ・鉄棒で遊びました。

家を出たのは、9時ちょうどです。

公園まで歩いて行きました。
家から近いので全く疲れません。

近所の公園なんだから、1時間かからないと思う。
9時ちょっとすぎに着いたんじゃないかな。

あとは、長い針がどこを指しているのかわかれば
答えられそうだね。

2. 短針の位置の確認「長い針と短い針，どちらの位置が知りたいですか」

　教室のあちこちから，「公園に着いたのは9時5分くらいかな」「長い針がどこを指しているかわかるといいね」といった声が聞こえてくる。教師とのやりとりから，ほとんどの子どもたちは「短針が9時台を指している」ことが推測できているようだった。しかし，クラス全員が共有しているかは曖昧だったので，ここで一度，子どもの思考を整理しておきたいと考えた。そこで，「長い針か短い針のどちらか1つだけ，針が指していたところを教えます。長い針と短い針，どちらが知りたいですか」と問いかけた。予想通り「長い針！」という声が返ってくる。この後，長針を選んだ理由（短針を選ばなかった理由）を問うと，「短い針の方はわかるから」「近所の公園だから，歩いて1時間はかからない。10時になることはない」など，公園に着いたのが9時台だと考える根拠を子どもたちは話し始めた。友だちの話を聞いて，なるほどと頷いている子もいる。短針は9時台であることを板書した。

　この後，「短い針は，9時を少し過ぎたところだと予想できるから，長い針がどこを指しているかを聞きたい」という子どもの発言を受けて，いよいよ長針の位置を発表することにした。

3. 長針の位置の提示「長い針は2を指していました」

公園に着いたとき、時計の長い針は2を指していました。
時計の模型で表してみましょう。

「長い針は2を指していた」という情報を与え，公園に着いた時刻を模型の時計で表現する時間をとった。教師のことばの「2」の捉え方によって，上の（ア）と（イ）の2通りの表し方が出てくることが予想される。長針の位置の違いに子どもたちの視線が集まる。「長い針の2って，そっちの場合もあるのか……」

実際の授業では，ほとんどの子どもが（イ）の時計をつくっていた。もしも（ア）の時計をつくっている子どもが1人もいなかった場合には，机間巡視で2通り見つけたふりをして，2つの時計の絵を提示してしまうとよい。

4. 「時計の文字盤に書かれている数字の2は，何を表しているのでしょう」

先生の言い方がよくなかったようです。
"長い針が2を指していた"という言い方だと，（ア）と（イ）の2つの時計が出てきてしまうことになるのですね。

実は、先生が公園に着いたときに見た時計は（イ）の方でした。
公園に着いたのは9時2分でいいですか？

9時2分は、（ア）の方です。

時計に書かれている数字をそのまま読んだら駄目です。
時計の1目盛りが1分なので、（イ）は9時10分です。

9時10分は，長針が文字盤の数字の2を指しているので，9時2分と間違って読んでしまうことがある。本時では，（ア）と（イ）の時計を同時に提示しているので，子どもが時刻を読み間違えることはなかったが，教師が（イ）の読み方をわざと間違えることで，子どもに「9時10分」と読む根拠を考えさせる場面をつくった。

その後，時計の1目盛りが1分を表すことを改めて確認し，黒板に貼られた大きな時計の絵を見ながら全員で目盛りを数え，答えが9時10分になることを確認した。

授業の終盤，文字盤の2が何を表しているのかを問いかけた。

時計にかかれている数字の「2」は、何を表しているのでしょうか。

短い針だと2時で、長い針だと10分を表している。
目盛りを数えてみると、時計の数字は5分ごとになっている。

「1」は5分、「2」は10分。
5分が2つぶんで10分ってことだね。
式にすると5＋5＝10

"5や10をひとかたまりと見て数える"という既習を生かし，文字盤の2は"5分が2つ"を表していることを説明することができた。このような見方・考え方は，後の2年生のかけ算の学習にもつながっていくと考える。

5. 演習問題を解く「時計を読んでみよう」

最後に，演習問題を扱った。公園で遊んでいる様子の写真と，時計の絵を同時に提示し，以下のような問いかけをした。

「ブランコに乗ったのは何時何分ですか？」（9時30分）

「砂場で遊び始めたのは，何時何分ですか？」（9時55分）

「家に帰ったのは，何時何分ですか？」（10時12分）

"時計の数字は5とびで読めばよい"ということがわかっているので，細かい時刻も読み取ることができるようになった。

15

たし算とひき算（順序数の計算）

佐賀大学教育学部附属小学校　浦郷淳

◢ 本時のねらい

　３つの数の加減の式の意味や計算の方法を考えて，説明することができる。

◢ 本時の問題

　どんな　しきに　なるのかな？

　ゲームのルール

　①　おはじきを10こ もっておく。

　②　かったらおはじきを３個相手からもらい，まけたらおはじきを３こ
　　　あいてにわたす。

　③　じゃんけんを２かい おこなう。

◢ どのような見方・考え方を引き出すか

　ゲームの結果，手元に残ったおはじきの個数をゲームの過程に沿って式化して表す中で，計算の順序に気を付けながら，計算の工夫に結び付けて考えられるようにすること。

◢ どのように見方・考え方を引き出すか

　加法のみ，減法のみ，加法と減法の混合算の３つのいずれかが任意に生じる状況として上記の「ジャンケンゲーム」を取り入れる。このゲームでは結果から，式化する中で，２つのことを問う。１つ目は，子どもが最終的に持っている個数を，どのように式化できるかを問い，同じ個数でも異なる式が出てくる状況に触れさせる。その意味を再度問うことで，活動結果と式との意味をつなげていく。２つ目は，残った数が最初と同じ数になる状況に触れさせる。「10＋3－3」「10－3＋3」という２つの式の場合で答えが一致する

が，「既習の『左から計算する』というルールとは違う計算方法でも求められるのではないか？」と子どもが考えられる場面となる。工夫して計算することや交換法則につながる見方となる。この2つ以外にも「もう1回ジャンケンができるのではないか」といった見方も導き出したい。残ったおはじきの数として出てくる最小値の4から，「さらに3引いてもなくならない」という考え方につなげたい。そうなれば，さらに多様な式が生まれ，計算もさらに工夫した方法を導き出すことができる。

■ 本時の流れ

1.「ジャンケンをしたらどんな結果？」

　本時は，順序数の計算の単元の最後の時間として扱った。子どもたちの適応範囲の数は，20までであり，3口のたし算，ひき算を既に学んできている。「□＋□＋□」「□−□−□」の計算方法を既習としてもつ。本時では，「ジャンケンゲーム」を行うことを子どもたちに提案した。1年生はゲームが大好きである。これだけでかなり盛り上がる。その上で，次のようなルールを示す。

① 　おはじきを10こもっておく。
② 　かったら，おはじきを3こ，あいてからもらえる。
③ 　まけたら，おはじきを3こ，あいてにわたす。
④ 　じゃんけんを　2かいする。

　最初は，教師と代表の子どもで演示を行う。掲示用のおはじきを異なる色でそれぞれ10個ずつ持ち，試しのゲームを行う。異なる色にした理由は，ジャンケンの勝敗でのおはじきの移動がわかりやすいという利点があるからである。どちらが勝っても盛り上がるが，ジャンケンをしながら，子どもの疑問を取り上げ，ルールの補足を行った。黒板に明示されていても理解できないのが1年生の実態である。一つひとつのことを確認し，演示のゲームを進めた。

演示のゲームでは，子どもたちが2回勝った。教師のおはじきが6個子ども側に移動し，子どものおはじきが6個増える。子どもたちに代表の子が何個になったのかを問うと，「16」という答えが返ってくる。そこで，「何算になったのかな？」と問うと，子どもは「たし算」と答える。「先生は？」と問うと，「4個」と答え，同時にある子が「先生はたし算ではないよ」と答えた。「どうして？」と問い返すと，「先生は減るからひき算だよ」とその子は説明した。教師はそれを板書に残しつつ，児童が発表した式も板書として残した。一方の立場で見ればたし算であり，もう一方の立場で見ればひき算となる。立場が違うと式が異なるという見方・考え方が出された場面だからである。また，この後もう1回行った演示のゲームで，「勝ったときにもらったおはじきは，負けたときには出さない」というルールも追加した。

2. ゲームを行い式化する

　このような演示を行った後，席が隣のペアでゲームを行った。このとき，おはじきの移動だけでなく，2回のジャンケンの勝敗を，勝ちは〇，負けは×でノートに記入させた。全てのペアが終えたところで「何個のおはじきがあるかな？」と問うと，「16個」「10個」「4個」と結果が発表される。どうしてその個数になったのかと問い返すと「2回勝った」「引き分けた」「2回負けた」という声が聞こえてきた。このとき，「ゲームは2回勝負じゃつまらない」という声も挙がる。その思いを板書に残し，授業終末に発展的に考える場面を設定する足場としておいた。
「今のゲームを式にするとどうなる？」そう問うと，子どもたちは自分の結果をもとに式を作り始めた。おはじき16個の子どもは，10＋3＋3と発表し，4個の子どもは，10－3－3と発表した。議論となるのは10個の子である。

10＋3－3で10個になったよ。

10 − 3 ＋ 3でも10個になったよ。

どうして同じ個数なのに違う式になるのかな？

　同じ結果であるのに，式化すると違う式が出てくるのである。子どもたち
は，「勝った後に負けた」「負けた後に勝った」というゲームの経過が出てく
る。このゲームの過程のことを出させることで，おはじきが移動する部分に
着目することができる。「1回目に勝って，2回目に負けた」「1回目に負け
て，2回目に勝った」という言葉が，式化されたものとなり，計算の姿とし
て現れたものである。ゲームの過程と式を結び付けることで，後で出てくる，
「もらった部分を先に計算する」という見方・考え方につなげていくことがで
きる。

3. 状況を整理していく

　子どもたちが持つおはじきの結果を式化させた後，「ことば」「○・×」
「式」で状況を整理する時間を取ることにした。4個の場合は，「2回とも負
けた」，「×」「×」が続いた状況を確認し，式が「10 − 3 − 3」になることを
押さえた。この式では，「10 − 3 ＝ 7，7 − 3 ＝ 4」という計算の過程が児童か
ら発表される。この計算は「左から計算」という既習事項であるので，その
既習事項を板書しておく。10個の場合は，「1回負けて，1回勝った」「1回
勝って，1回負けた」という2つの状況があるので，「×」「○」は，「10 − 3
＋ 3」，「○」「×」は，「10 ＋ 3 − 3」という式になることを確認した。当然そ
の過程は「10 − 3 ＝ 7，7 ＋ 3 ＝ 10」と「10 ＋ 3 ＝ 13，13 − 3 ＝ 10」というも
のになる。

　ここで「どんなふうに計算したのかな？」と問うと，「左から計算した」と
いうことになる。左から計算するという考え方を子どもたちが確認した場面

である。最後に，16個の場合である。「2回勝った」「〇」「〇」という状況はすぐに確認され，「10＋3＋3」という式も発表された。そのとき，ある子が，「順番に計算しなくてもいいんじゃない？」と発言し，他の子が補足を始めた。

順番に計算しなくても
いいんじゃないかな？

もらった分からまとめ
て計算すればいいよ。

2回勝ったら，3＋3＝
6だから，10に足した
らいいよ。

どうしてそう思うの？

「左から計算する」という考え方ではなく，「もらった分からまとめて計算すればいい」という今までとは異なる見方を子どもがもち，発言をしたのである。この発言を全体で確認した後に，子どもたちに途中の計算がどのようになるのかを問うた。すると，「3＋3＝6，10＋6＝16」という式を発表した。この式の意味は全ての子に共有させたいので，ペアで確認する時間を取り，その後「もらった分を先に計算」という見方・考え方を板書として残した。

4. 戻って考えてみる

「もらった分を先に計算」という見方・考え方が出された後，「おはじきが4個や10個のときも同じような計算ができないのかな？」と問うた。子どもたちは考えていたが，「できる」と「できない」という双方の意見が子どもたちから出された。「できる」と発言した子どもは，「4個のとき，3＋3＝6，10－6＝4とできる」と説明した。ここで，「3＋3は何か？」と問うと，「渡した数」という発表を他の子が行った。「ひき算」が「相手に取られた数」である

のに対して，「たし算」が「相手に渡した数」と置き換えるという見方を変えた発言が出された。「できない」と答えた子は，「10−3＋3で，3＋3＝6になるから，10＋6＝16となっておかしい」，つまり「3＋3の計算をする」という意見を述べた。当然「−3＋3」と考える必要がある場面であるが，この式は適応外である。ここで冒頭の言葉での説明に戻ると，「1回負けて1回勝った」ことと「1回勝って1回負けた」ことが，勝った回数，負けた回数ともに同じだから「3−3＝0」という見方に落ち着くことができた。「左から計算」という既習事項から始まり，「もらった分をまとめて計算」という，新たに得た見方・考え方を知って，使ってみるという活動につながったと言える。

5. もう1回やってみる

授業の冒頭，「2回じゃつまらない」という意見が出ていた。

「2回じゃつまらない」とあったけど，3回目はできる？

もう1回勝負ができるよ。

3回負けても3＋3＋3＝9。10個から9あげてもなくならないから大丈夫だよ。

3回目ができるのかを問うと，子どもからは，「もう1回できる」という声が挙がった。「本当にできるのか」を問い返すと，「4個から3個減っても1個残る」ということや，「3＋3＋3＝9で，負けて9個あげても大丈夫」といった発表が導き出された。時間の都合上最小が1個，最大が19個になるということまでしか確認できなかったが，さらに式化して4口の計算にしたり，計算の過程を問うたりするなどさまざまな発展が考えられる。

参考・引用文献
・浦郷淳.『1つの活動を整理する状況を生み課題とする』.
・筑波大学附属小学校算数研究部(2018).『算数授業研究vol.116』. 東洋館出版社,

16 たし算とひき算（図を使って考えよう）

学習院初等科　鈴木純

■ 本時のねらい

　日常事象をもとに，図を用いて数量の関係に着目して，計算の意味や計算の仕方を考え，表現する活動を通して，問題解決をすることができる。

■ 本時の問題

　ぼくが，きょうしつにはいると　11人のおともだちがいました。すると，4人のおともだちが，あそびにでていきました。いま，きょうしつになん人の子どもがのこっているでしょう。

■ どのような見方・考え方を引き出すか

⑴ 問題場面の数の変化を具体的な操作活動や図を用いて捉え，式で表すことで問題解決をすすめること。

⑵ 「ぼく」の存在を人数と捉えて，数量関係の変化に加えること。

■ どのように見方・考え方を引き出すか

　⑴については，ブロックやおはじきを用いて，場面の数量関係の変化を具体的な活動を通して，顕在化させる。

　子どもたちは，今までの経験から，問題文に出てくる数字を用いて「11－4＝7」と式化してしまうことが考えられる。

　また，日常場面で，「ここに何人いるか数えましょう」と問われたとき，自分を数え忘れて人数を報告してしまうことが低学年ではよ

誤答のイメージ

遊びに行った子ども
教室に残った子ども
11－4＝7　　　　答え　7人

くある。②のように，「ぼく」の存在を人数と捉えることができず，その結果，「11－4＝7」といった誤った式にしてしまう可能性がある。

だが，この誤った式に違和感を持つ子どももいるだろう。

ここに，対話の場面が発生する。一般的には，図をかいたり，操作活動をしたりする過程を経て，式にしていく展開がある。しかし，本授業ではまず式を書かせ，間違った式を見つめ直す過程で図をかいたり，操作活動をしたりする流れをつくる。そのような流れをつくることで，図や操作の重要性を子どもたちに感得させたい。

自分の見方や考え方を友だちに話す際に，具体的な操作活動の必要性と，わかりやすい図の表現の必要性が，子どもたちの中に芽生えると考える。問題解決の過程で「11－4＝7　7＋1＝8」「11＋1＝12　12－4＝8」といった式や，まとめた「11－4＋1＝8」「11＋1－4＝8」などの式も登場することで，多様な問題解決の方法を学ぶ。

■ 本時の流れ

1. 「教室には何人残っているのかな」

問題文を提示して，場面を確認する。子どもたちと一緒に読んでもよい。日常のクラスの様子でも似たような場面があると思うので，重ね合わせて考えられるように導入を進めていくことで，日常事象を数学的に捉える見方を育てる。その上で，「何人教室に残っているのかな」と発問をする。子どもたちは口々に答えを言うだろう。

2. 「どうしてそう思うのかな」

子どもたちが，口にする答えは誤答である「7」と正答の「8」が中心に

なるだろう。ここで,「どうしてそう思うのかな」と発問することで,子ども
たちは自分なりの根拠を持って説明しようとする。評価して価値付ける点は,
誤答であっても子どもたちが根拠を持って説明している姿である。最初に誤
答である「7」を取り上げる。子どもは「11人いて,4人遊びに行ったのだ
から,7人です」「11－7＝4」といった説明をするだろう。問題文に書かれ
ている数と発言の内容や式を関連付けて説明するように促す。

> 11人最初に教室にいて,4人遊びに行ったのだからひき算
> をすればよいです。

> 11－4＝7　7人です。

> でも……。

3.「この式をもとにして考えてみましょう」

「ぼく」の存在に気付いている子どもたちは,発言したくてうずうずしてい
るだろう。しかし,ここでは,誤答を無にせずに生かすことがポイントであ
る。なぜなら,誤答の子どもたちも一定の根拠を持って数学的に考えている
からである。数学的に考えようとした態度を評価して,生かしていくことが
重要である。「間違っている！」という子どもがいたとしたら「この式は全部
間違っているの？」「11人のうち4人が遊びに行ったのは確かだよ」と言っ
て,誤答の考え方に寄り添うとよい。すると,子どもたちの中から「この式
は,途中まであっているけれど,まだ続きがあります」といった発言が出て
くる。そこで,「この式をもとにして考えてみましょう」と発問する。

4.「この場面を,図をかいたり,ブロックを使ったりして考えよう」

　議論をしたくなっている子どもたちに「自分の考えをわかりやすく説明す
るにはどのようにしたらよいでしょう」と発問すると,「図に表す」「ブロッ

クを使って表す」という意見が出てくる。そこで、「この場面を、図をかいたり、ブロックを使ったりして考えよう」と発問する。

5.「『ぼく』はどこにいるのかな」

ブロックや図を使って、子どもたち同士で議論をする時間を十分に取るようにすると、誤答を出していた子どもたちも「ぼく」の存在に気付き始めるだろう。

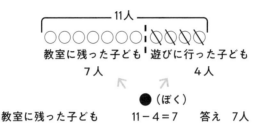

 教室に11人いて、4人が遊びに行ったのだから、11－4＝7の式は間違っていないよ。

さっき「でも」って言ったのは、「ぼく」がいるからだよ。

「ぼく」がいたのを忘れていたよ。「ぼく」はどこにいるんだったかな。

そこで、誤答の式である11－4＝7の式を図に表す。（上記のような一直線に○を並べた図ではなく、大きな四角を教室に見立てて描き、その中に○を描いて場面を表そうとする子もいるかもしれない）この図をもとに、「ぼく」がどこにいるのかを考える。黒板では「ぼく」をブロックマグネットにすると子どもが前に出てきて説明するときに便利である。

ここで、文章の読み取りにおいて「ぼく」の存在があったことを確認する。

数学としての読解力（リテラシー）を働かせることで，念頭操作や頭の中だけでの想像では，不十分なことがあることに気付かせる。

「ぼく」が，教室に入ったら友だちが 4 人で遊びに行ったのだから，「ぼく」は教室の中にいるよ。

それじゃ，図の左側の「教室に残った子ども」に「ぼく」は入ることになるよ。

　この感覚が，問題解決を進める上で，重要な数量関係を把握するために，数の変化を具体的な操作活動や図を用いて捉えることが有効であるという意識につながる。

6.「図を式にしてみよう」

「ぼく」が加わることで，場面をもう一度数学的に見直して，数量関係の式を再検討していく必要がある。問題文には「ぼく」にあたる数は存在しない。「ぼく」を「1」いう数に置き換えて，数量の変化に加え，それを式という形で表現すること，また，その内容を丁寧に説明することが求められる。

　子どもたち同士の議論がある程度進んだところで，「図や式にしてみよう」と発問して，説明し合う時間を取る。いくつかの考えがあるだろう。

　もとの11－4＝7を活かして「ぼく」である「1」を最後に加えるという考え方がある。

最初の式に「ぼく」を加える。

11－4＝7
7＋1＝8　　　→ まとめて　　　11－4＋1＝8　　　　　答え　8人

　また，場面に忠実に従えば次のような式があると考えられる。中には，い

きなり12－4＝8としてしまう子どももいるだろう。そのときは，12はどのように出したのかを説明させて式につなげるとよい。

> 「ぼく」が教室に入ったら，4人の子どもが遊びに行ったのだから，教室には11人にぼくを加えた12人がいたことになるよ。

$11 + 1 = 12$

$12 - 4 = 8$　　　→　　　$11 + 1 - 4 = 8$　　　　答え　8人
　　　　　　　まとめて

7. 「みんなの考え方について話し合おう」

　子どもたちが出した考え方と式について話し合う時間を取る。前の式を活かしている点，2つの式をまとめている点，時系列に式を立てている点などのよさが出てくるだろう。ここで，もっとも大切にしたいのは，いずれの式にも「1」が出てくるという点である。この「1」に気付くために，図をかいたり，操作活動をしたりすることが有効であることを子どもたちが気付くとよい。

　数学的な見方・考え方を働かせて正確に問題解決を行うには，図を用いたり，操作活動をしたりして考えることで立式に結び付けることが重要である。

黒板：
$11 - 4 = 7$
$7 + 1 = 8$
↓
$11 - 4 + 1 = 8$

$11 + 1 = 12$
$12 - 4 = 8$
↓
$11 + 1 - 4 = 8$

> どちらの式も「ぼく」の1が入っているよ。

形づくり

日本女子大学附属豊明小学校　宮城和彦

◼ 本 時 の ね ら い

　タングラムの三角形や四角形を組み合わせて新しい形をつくり，形の大き
さについて数で表すことができる。

◼ 本 時 の 問 題

　いろいろなかたちと おおきさのピースをくみあわせてあたらしいかた
ちをつくり，できたかたちについて かんがえてみよう。

◼ ど の よ う な 見 方 ・ 考 え 方 を 引 き 出 す か

① もとにする三角形のピースを組み合わせ，新たな図形をつくる活動を通し
　て，それがもとにする三角形のいくつ分かを式や数値で表そうとする。

② 三角形のピースを組み合わせてできた新しい形を，もとにする三角形のい
　くつ分（倍の見方）でとらえること。

③ 同じ大きさで違う形（等積変形）や，同じ形で異なる大きさのもの（拡大・
　縮小）を感じさせること。

◼ ど の よ う に 見 方 ・ 考 え 方 を 引 き 出 す か

　教科書の巻末には同じ大きさの三角形の色板がついている。形を学び始め
るときの基本的な教具だが，この色板で遊んだあと，さらにタングラム（知
恵の板）を扱いたい。タングラムは，大きさや形の異なる三角形や四角形の
7ピースで構成されている。三角形については，直角二等辺三角形で大，中，
小の大きさがある。四角形については，平行四辺形と正方形があり（以下「大
三角形」「中三角形」「小三角形」と記載する）。

　平行四辺形，正方形，中三角形は，小三角形2つを並べかえることで構成

できる。そのことに気付くと，上記のそれぞれの形は，もとにする三角形（小三角形）の２つ分という倍の見方や考え方ができるようになる。そして，その見方や考え方をもとに，大三角形は，小三角形の４つ分の大きさと捉えられるようになる。さらに，形を並べかえることによって，形が違っても大きさは同じという等積変形や，大きさが違っても形は同じという拡大図・縮図につながる見方の素地を育むことができると考えられる。

■ 本 時 の 流 れ

1. 「色板を並べていろいろな形をつくりましょう」

この単元は，教科書の巻末についている色板を切り取り，その色板を並べたり組み合わせたりして，いろいろな形をつくるところから始まる。まずは

教科書に沿って展開し，形づくりを楽しませたい。このときに，何をつくろうかと目的意識を持って取り組める子は，できた形に名前をつけることも楽しむことができる。たとえば右の写真では，ロケット，ちょう，ふね，さかななどである。

時間に余裕があれば，つくったものを隣の席の子と見せあって，互いに同じものをつくってみるといった取り組みがあるとよい。

続いて，小さい三かく２枚でできるものにはどんな形があるかを考えさせ，発表させる。そのあと３枚，４枚と続けていく（右は４枚でできる形の例である）。

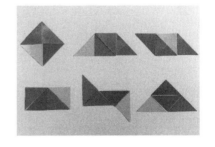

このように三かくを複数枚組み合わせると，大きい三かくや四かくができてくる。大きい三かくが小さい三かく何枚で構成されているか，大きい四か

くが小さい三かく何枚で構成されているか，そのような見方を大切に取り上げながら授業を進めていく。

　2枚でできる形には右のようなものがある。

　4枚で考えると，倍の数でできる三かく，四
かく（正方形・長方形・平行四辺形）がある。自分がつくった形の中に，小さい三かく2枚でできる正方形や平行四辺形が隠れていることに気付かせたい。これらのことが，次時のタングラム活動のところで大きく役立つと考えるからである。

　そして，ここからが本時の活動になる。

2. 「三かくや四かくを並べていろいろな形をつくりましょう」

　まず始めに，ばらばらにしたタングラム7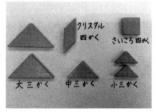
ピースを袋に入れて1人1セットずつ配布する。本校には木製タングラムが1クラス児童分あるので，それを配布した。ない場合は，工作用紙のような厚紙で人数分をあらかじめ作成しておく必要がある。

児童が各ピースに付けた名前

　配布後は，色板の時間と同様にいろいろな形を自由につくって遊ばせる。この場面では，子どもたちがどんな形をつくっているかよく観察しておきたい。始めは，色板遊び同様，パーツを組み合わせて何かに見立てたものをつくって遊んでいることが多い。ところが，次第に前時の三かく2枚，3枚，4枚で構成される形を扱った学習がいきてくる。タングラムの小三角形を組み合わせて正方形や平行四辺形，中三角形をつくり，元からある正方形，平行四辺形，中三角形と隣り合わせて比べる子が出始める。また，タングラムの大三角形を正方形と小三角形2つでつくったものや，平行四辺形と小三角形2つでつくったものが机上に現れてくる。そこを見逃さずに取り上げる。

大きな三かくを3つのピースでつくった人がいます
よ。どんなふうに三かくができますか。

この大きな三かくは，さいころ四かくと小
さい三かく2つでできました。

わたしも，クリスタル四かくと小さい
三かく2つでできました。

なるほど！

　次に，ピースの個数と，大きさを表す数の違いに目を向けさせるために，あ
えて次のように投げかける。

3.「左の大きな三かくは1，左の大きな三かくは3だから，右のほうが大きいですね」

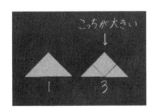

えーっ!?　先生，違うよ，だって重
ねたら同じ大きさだよ！

でも，1と3ですよ！　1より3が大き
いって勉強しましたよね。

違うよ！　違うよ！
先生！　どっちも4です！

えっ？　4ってどういうこと？

大きい三かくは，中に小さい三かくが4つあります。

3つある方は，小さい三かくが2つと，さいころ四かくが1つだけど，さいころ四かくは，中に小さい三かくが2つあります。だから，小さい三かくの数でたし算をすると1＋2＋1＝4になります。

どっちも小さい三かく4つ分の大きさだね。

だったら，クリスタル四かくも小さい三かくが2つで，2＋1＋1だね。

②の見方・考え方

全部小さい三かくの式の1＋1＋1＋1＝4でもわかります。

　ここで小さい三かくのいくつ分という大きさの表し方を，式と数値にすることができた。

　次に，別の形を楽しんでいた子の取り組みに注目させた。

4.「形が違うけど同じ大きさって本当？」

○○さんたちが，面白いことを言っていたよ。大きな三かく2つで，もっと大きな三かくと大きな四かくができたんだけど，その三かくと四かくが同じ大きさじゃないかって。それって本当かな？

③の見方・考え方

大きな三かくも4と4，大きな四かくも4と4だからかな。

8の大きさの三かくと四かくだ！

そしたらクリスタル四かくも同じだね。

形は違うけど同じ大きさですね。

5.「2つ分あれば同じ大きさになるね」

③の見方・考え方

同じクリスタル四角なんだけど大きさ
が違う。

2こ，4こ，8こになってるよ。

1+1は2，2+2は4，
4+4は8だね。

大きさは数で表せるのですね。

　今回は，子どもが形をつくり，いろいろな形との出会いを楽しみ，できた形を認めつつ，その中から授業者が「倍の見方ができているのだろうな」「拡大の考え方に近づけるな」と子どもの数学的視点が感じられる取り組みに着目し，全体で共有化を図るようにした。1年生で，倍の見方？　等積変形？　拡大・縮小？　と急ぎ過ぎているのではないかというご指摘もあるかもしれないが，タングラムを扱うことで，1年生なりにその視点や感覚を働かせて素地を養えるのではないかと考えている。今後のことだが，木製タングラムの箱には16個の小さい三角形が入るので，少人数のグループ活動にして，$\frac{1}{16}$や，$\frac{1}{4}$，$\frac{1}{8}$という体験ができる。また，タングラム7つのピースを正方形にさせ，同じ大きさの折り紙に線を入れタングラムをつくる活動を楽しんでみたい。

執筆者一覧 (執筆順)

山本　良和	筑波大学附属小学校	はじめに
山本　大貴	暁星小学校	1
矢野　浩	福島大学附属小学校	2
久保田健祐	兵庫県西宮市立鳴尾東小学校	3
工藤　克己 *	青森県東北町立甲地小学校	4
新城　喬之	琉球大学教育学部附属小学校	5
篠田　啓子	熊本大学教育学部附属小学校	6
中越　進	三島市教育委員会学校教育課	7
夏坂　哲志 *	筑波大学附属小学校	8
樋口万太郎	京都教育大学附属桃山小学校	9
唐澤　恵	新潟県十日町市立田沢小学校	10
渡邉　剛	盛岡市教育委員会	11
永田美奈子 *	雙葉小学校	12
横沢　大	岩手県盛岡市立仁王小学校	13
江橋　直治 *	国立学園小学校	14
浦郷　淳	佐賀大学教育学部附属小学校	15
鈴木　純	学習院初等科	16
宮城　和彦	日本女子大学附属豊明小学校	17

＊：1年　編集理事

子どもの数学的な見方・考え方を引き出す算数授業

各学年収録単元

1年

#	単元名
1	仲間づくりと数
2	何番目
3	位置の表し方
4	たし算（1）
5	ひき算（1）
6	大きさ比べ
7	かずしらべ
8	10より大きい数
9	3つの数の計算
10	ものの形
11	繰り上がりのあるたし算
12	繰り下がりのあるひき算
13	大きい数
14	時計
15	たし算とひき算
16	たし算とひき算
17	形づくり

2年

#	単元名
1	グラフと表（データの活用）
2	たし算の筆算
3	ひき算の筆算
4	長さを調べよう
5	かさ
6	時こくと時間
7	計算の工夫
8	たし算とひき算の筆算
9	長方形と正方形
10	かけ算（1）
11	かけ算（2）1,6,7,8,9の段
12	大きな数（4桁の数）
13	たし算とひき算
14	分数
15	箱の形

3年

#	単元名
1	かけ算
2	時刻と時間
3	わり算
4	たし算とひき算の筆算
5	長さ
6	あまりのあるわり算
7	大きい数の仕組み
8	かけ算の筆算
9	円と球
10	小数
11	重さ
12	分数
13	□を使った式
14	かけ算の筆算
15	三角形と角
16	棒グラフと表
17	メートル法

4年

#	単元名
1	1億よりも大きい数
2	折れ線グラフ
3	二次元の表
4	わり算のしかた
5	角の大きさ
6	小数のしくみ
7	小数のたし算・ひき算
8	わり算の筆算÷1桁
9	わり算の筆算÷2桁
10	およその数
11	計算のやくそくを調べよう
12	四角形の特徴
13	分数
14	変わり方
15	複合図形の面積
16	小数と整数のかけ算・わり算
17	直方体と立方体
18	差でくらべる・倍でくらべる

5年

#	単元名
1	整数と小数の仕組み
2	直方体や立方体のかさ
3	小数のかけ算
4	小数のわり算
5	形も大きさも同じ図形
6	図形の角
7	整数の公倍数
8	整数と小数・分数の関係
9	異分母分数の加減計算
10	ならした大きさ
11	単位量当たりの大きさ
12	速さ
13	四角形と三角形の面積
14	割合
15	変わり方調べ
16	正多角形と円周の長さ
17	角柱と円柱

6年

#	単元名
1	線対称・点対称
2	数量やその関係の式
3	分数と分数のかけ算
4	分数と分数のわり算
5	割合の表し方
6	形が同じで大きさが違う図形
7	三日月2つ分の面積を求めよう
8	角柱と円柱の体積
9	およその形と大きさ
10	比例
11	反比例
12	組み合わせ
13	データの調べ方
14	データの調べ方
15	文字と式（活用）
16	［中学校へ向けて］ 等式・方程式の素地

全国算数授業研究会

子どもの
数学的な見方・考え方が働く
算数授業

1年

令和2年3月9日　初版第1刷発行

企画・編集　全国算数授業研究会
発行者　　錦織圭之介
発行所　　株式会社　東洋館出版社
　　　　　〒113-0021　東京都文京区本駒込5丁目16番7号
　　　　　営業部　電話03-3823-9206　FAX03-3823-9208
　　　　　編集部　電話03-3823-9207　FAX03-3823-9209
　　　　　振替　00180-7-96823
　　　　　URL　http://www.toyokan.co.jp
装丁　　　新井大輔
編集協力　株式会社　エディポック
印刷・製本　岩岡印刷株式会社

ISBN978-4-491-04058-5
Printed in Japan